AF174439

¡Sssssshhhhhhhhhh!

Haz del teatro algo íntimo

Llévalo siempre en el bolsillo

Cubierta y diseño editorial: Éride, Diseño Gráfico
Dirección editorial: ángel jiménez
Coordinador de la colección: Javier Llanos

Primera edición: junio, 2025

Cleopatra enamorada
© Florián Recio
© VdB, 2025
Espronceda, 5
28003 Madrid

VdB

ISBN: 979-13-87644-21-5
Depósito Legal: M-12472-2025
Diseño y preimpresión: Éride, Diseño Gráfico

Cualquier forma de reproducción, distribución, comunicación pública
o transformación de esta obra solo puede ser realizada con la autorización
de sus titulares, salvo excepción prevista por la ley. Diríjase a CEDRO
(Centro Español de Derechos Reprográficos, www.cedro.org.) si necesita
fotocopiar o escanear algún fragmento de esta obra.

Cualquier representación pública de esta obra debe ser autorizada por el autor.
La autorización puede ser tramitada a través de la Sociedad General de Autores
y Editores (SGAE).

Todos los derechos reservados.

VdB® es una marca registrada de Éride, S.L.

Este libro protege el entorno

Cleopatra enamorada

Esta obra se representó dentro de la programación
de la 71a edición del Festival Internacional
de Teatro Clásico de Mérida.

Dirección: Jesús Cimarro.

©Enrique Cidoncha

Florián Recio
(Almendralejo, Badajoz, 1962)

Licenciado en Filología Hispánica y máster en Lexicografía Hispánica. Novelista, con varios libros de relatos y obras dramáticas representadas en multiples escenarios españoles.

Autor de varias colecciones de relatos como *La extraña familia de la que te hablé, Muertes impares, Historias de otro mundo, Yo maté a Joaquín Sabina y otros relatos del afán* también ha publicado las novelas *Teoría del fracaso, Morirás en Sodoma, Lo que salvaría del fuego* y *Botarates*; además de un ensayo, cargado de humorismo y de retranca, titulado *Apocalipsis Imbécil*.

Y como dramaturgo es autor de las comedias *Enemigo del pueblo* y *Botarates*. Sus estrenos en Festival Internacional de Teatro Clásico de Mérida son: *Los gemelos* (2013, adaptación de la obra homónima de Plauto), *El cerco de Numancia* (2015, sobre la obra de Cervantes), *Los pelópidas* (2016, adaptación de la obra original de Jorge Llopis), *Viriato* (2019), *La aparición* (2024) y esta que hoy publicamos, *Cleapatra enamorada* (2025)

De próxima aparición son *Visión de Babilonia* (relatos) y *La pecera* (teatro).

Florián Recio

Cleopatra enamorada

Esta función se estrenó en el Teatro Romano de Mérida
el 23 de julio de 2025, interpretada por Natalia Millán (Cleopatra),
Alex O'Dogherty (Marco Antonio), Paco Morales (Demetrio),
Iván Clemente (Cesarión), Habana Rubio (Selene), Beatriz Ros (Marcina)
y Virginia Muñoz (Berenice).

Coro: MartinaVidal, Vicky Condomí, María Gago, Urko Fernández,
Alex Signoretti y Jesús González.

Dirección Musical: Pablo Solo.
Dirección: Ignasi Vidal.

Hace tiempo que Cleopatra dejó de ser un personaje histórico para convertirse en carne de literatura, barro que cada escritor, pintor y cineasta moldea a su gusto y conveniencia. Nadie se asome a estas páginas buscando instruirse sobre la Cleopatra VII Filopator que vivió y reinó en Alejandría en el siglo I a. C., porque solo encontrará un pálido reflejo de ella. Para eso están los ensayos y los libros de historia. Esto es teatro. Y, por tanto, la *Cleopatra enamorada* es un personaje teatral, ficcionado, una excusa para hacer un viaje sensual y dramático por un tiempo y un mundo del que ya solo quedan tristes rescoldos, pero que sigue fascinando.

Esta *Cleopatra enamorada* que ahora tiene usted entre las manos, estimado lector, es el sexto volumen que Florián Recio aporta a la colección VdB Teatro de Mérida de Éride Editorial, donde con anterioridad, del mismo autor, hemos publicado *Los gemelos, Los pelópidas, El cerco de Numancia, Viriato y La aparición*. Amén de las novelas *Morirás en Sodoma, Botarates*, el ensayo *Apocalipsis imbécil* y la colección de relatos *Yo maté a Joaquín Sabina y otros relatos del azar*.

Podemos decir, pues, que Florián Recio, más que un autor de la casa, es un autor de la

familia de Éride Ediciones. Un autor cuya característica principal es su exquisito tratamiento del lenguaje, el humor socarrón, la ternura que emanan algunos de sus personajes —pienso, por ejemplo, en la Melchora de *Morirás en Sodoma* o en el Genaro de *Botarates*—; un autor que siempre ofrece una visión personalísima y, por lo general, distinta y profunda, de la realidad.

Todas estas características también podrá el lector observarlas y disfrutarlas en esta *Cleopatra enamorada*.

Personajes

CLEOPATRA	Reina de los dos Egiptos.
MARCO ANTONIO	Procónsul romano.
CESARIÓN	Hijo de César y Cleopatra.
SELENE	Hija de Marco Antonio y Cleopatra.
DEMETRIO	General a las órdenes de Marco Antonio.
MARCINA	Sirvienta de Cleopatra.
BERENICE	Sacerdotisa de Isis.
NIÑA	Esclava de Cleopatra.
SOLDADO 1	
SOLDADO 2	
FAUNOS	
NINFAS	

4 3  1

Escena 1
Campo. Al fondo, el Nilo. Sobre el río, la suntuosa
barcaza de Cleopatra.

*La barca real recorre la escena. Es una visión
magnífica. Y triste. Porque triste son los lamen-
tos que de ella escapan. Los campesinos detie-
nen su tarea y cantan una canción que suena me-
lancólica porque el pueblo quiere mostrar a su
reina que se une a su dolor.*

MARCINA   Ahí llega mi señora Cleopatra. Muy a tiempo.

BERENICE   (*Irónica.*) Y muy cargada de lutos.

MARCINA   Es el espejo de Egipto. Sus lutos son los lutos
del pueblo.

BERENICE   El pueblo es egipcio. La causa del luto también debería serlo. Pero las lágrimas de la reina caen por un soldado romano.

MARCINA   Las lágrimas de la reina caen por una traición.
Es su corazón quien llora. Y el corazón no en-
tiende de mapas.

BERENICE   Apropiadas palabras si se refirieran al corazón
de una cortesana, no al de una reina. El corazón
de una reina no es un órgano, es un símbolo.

MARCINA   Me asustas. No hablas como una mujer.

BERENICE   No soy una mujer. Soy la sacerdotisa de Isis. Cleopatra está muy por encima de ser una simple mujer. Es una reina. Es más. Es Egipto. Eso la obliga a ser cautelosa con cada palabra. Y con cada lágrima. Eres su ayudante de cámara, deberías recordárselo.

MARCINA   Y tú deberías ser más prudente. No hay una sola palabra o una sola lágrima que Cleopatra no derrame en favor de Egipto. Si se unió a César y tuvo un hijo con él fue porque de ese modo unía nuestro destino al del hombre más poderoso de la tierra. Y, una vez muerto César, lo oportuno era unirse a su sucesor, Marco Antonio. Y así lo hizo. Porque, mal que nos pese, seguimos necesitando del auxilio de Roma. Y admitirás que Marco Antonio ha sabido ser generoso con mi señora y con Alejandría. Y con este templo.

BERENICE   Y yo he dado siempre muestras de agradecimiento.

MARCINA   Pues ahora se te ofrece la oportunidad de dar otra muestra.

BERENICE   Estoy deseando ponerme a su servicio. Solo necesito saber cuál es el motivo de su presencia aquí, después de tanto tiempo.

MARCINA   Hace cinco años que Marco Antonio partió hacia Roma con la excusa de asistir a los funerales de su anterior esposa, dejando en Alejandría a Cleopatra y a Selene, la hija de ambos. Desde entonces, mi señora ha esperado su regreso con entereza de reina.

BERENICE   Se educó en este templo. Siempre fue una niña fuerte. Y yo la enseñé a ser una mujer fuerte en un mundo de hombres despiadados.

MARCINA   Aprendió bien. Jamás nadie la ha visto verter una lágrima. Pero Marco Antonio, amén de hombre es romano y, como tal, se ha mostrado pérfido y embustero. No solo no regresa ni tiene intención de hacerlo, es que se ha casado con Octavia, la hermana de Octavio Augusto, dejando de nuevo desprotegida a la mujer y al reino. Esa traición es la que ha cubierto de luto el corazón de mi señora.

BERENICE   Quien juega con Roma juega con serpientes. Tarde o temprano acaba emponzoñado.

MARCINA   Para eso se llega Cleopatra a este templo. Isis siempre ha sido su antídoto contra cualquier adversidad. Pero basta de cháchara, e inclinémonos, porque ahí viene Cleopatra, reina de Egipto.

Escena 2
Templo de Isis.

CLEOPATRA   Me alegra volver a verte, Berenice. ¿Cuánto tiempo ha pasado? ¿Dos? ¿Tres?...

BERENICE   Cuatro años y dos meses, mi señora.

CLEOPATRA   ¡Cuatro años! No me daba cuenta de lo mucho que echo de menos este templo hasta que he visto su silueta en el horizonte. Y no me daba cuenta lo feliz que me hace respirar este aire, esta luz, escuchar tu voz. Es como si mi alma regresara a casa.

BERENICE   Estás en casa. Y yo soy feliz de tener ante mí a la reina Cleopatra.

CLEOPATRA   Hoy no vengo como reina, querida Berenice, sino como mendiga.

BERENICE   ¿Qué puede mendigar quien es reina de reyes?

CLEOPATRA   Consuelo.

BERENICE   ¿Contra qué dolor?

CLEOPATRA   El de la soledad.

BERENICE   La soledad es la esposa de quien pretenda gobernar Egipto.

CLEOPATRA   Conozco la doctrina. Pero la carga es demasiado pesada.

BERENICE   Te enseñé a soportarla. Y sé que puedes hacerlo.

CLEOPATRA   Yo también lo creí. Durante un tiempo. Tenía una visión. Y Julio César la compartió conmigo. Juntos, Roma y Egipto, daríamos carne al sueño de Alejandro Magno. Daríamos al mundo una estirpe inmutable.

BERENICE   Nada levantado por mano humana es inmutable, salvo las pirámides.

CLEOPATRA   Las pirámides también son el sueño de hombres con el corazón herido.

BERENICE   ¿Qué significa eso?

CLEOPATRA   Hay que sentirse muy solo, muy abandonado de los dioses y de los hombres para retar a la inmortalidad con un puñado de piedras.

BERENICE   ¿Así te sientes tú? ¿Abandonada de los dioses?

CLEOPATRA   ¿No tengo motivos? César omitió a nuestro hijo Cesarión de su testamento y, a cambio, ha nombrado heredero a ese Octavio, que no es más que el hijo de una sobrina nieta, que ahora se hace llamar su hijo. Y presume de unos títulos y de un poder que corresponden por derecho al príncipe de Egipto.

BERENICE   De nada sirve quejarse ante la realidad. Tienes que ganarte el favor de ese hombre, Cleopatra, o verás correr la sangre de tu hijo.

CLEOPATRA   ¿Crees que no lo sé? ¿Crees que no sueño con eso cada noche? Pensé que Marco Antonio sería mi brazo protector. Le he dado hijos. Le he dado mi lecho. Y ahora veo que fue en balde. Me ha abandonado. Durante todo este tiempo imploré a Isis. Pero también ella parece haber huido de mi lado.

BERENICE   Por tus venas corre sangre de los Ptolemeos. Alejandro Magno te observa desde la eternidad. Eres la reina de Egipto. Recuerda que cuando nació la loba que amantó a Rómulo, el fundador de Roma, ya eran viejas las pirámides.

CLEOPATRA   Demasiada historia. Demasiada carga para los hombros de una simple mujer.

BERENICE   Ven aquí. Seca esas lágrimas. Deja que te recuerde lo que nunca deberías haber olvidado. Recuerda cómo Seth mató a su hermano Osiris y descuartizó su cuerpo y esparció sus pedazos por todo Egipto. Recuerda como Isis fue cogiendo uno a uno esos pedazos, lo reconstruyó, lo volvió a la vida y engendró un hijo.

CLEOPATRA   Horus.

BERENICE   Horus. El hijo de Isis y Osiris. Destinado a vengar a su padre. Pero primero tuvo que crecer. Mientras tanto, Seth mató una vez más a Osiris y una vez más Isis lo recompuso y lo volvió a la vida. Hasta que, llegado el momento, Horus tuvo la fuerza y la sabiduría suficientes para acabar con su tío.

CLEOPATRA   ¿Por qué me cuentas esta fábula con la que las ancianas entretienen a los niños?

BERENICE   No es una fábula. Es una profecía. ¿Es que no entiendes quién es Horus? ¿Quién está destinado a vengar la muerte de su padre y alzarse como príncipe supremo?

CLEOPATRA   ¡El hijo de César y Cleopatra! ¡Cesarión!

Escena 3
Alejandría. Palacio de Cleopatra.

SELENE ¡Cesarión! ¿Dónde andas? Llevo una hora buscándote.

CESARIÓN (*Lee un pergamino.*) Baja la voz, Selene. Estoy leyendo.

SELENE Cómo no, tú y tus pergaminos. Debí imaginarlo. No te entiendo. ¿Para qué tanto leer? ¿Qué buscas? Algún día serás rey de Egipto. Lo que sea que busques te será dado. No necesitas llenar la cabeza de letras.

CESARIÓN Tú no lo entiendes, hermana.

SELENE ¿Por tan tonta me tienes?

CESARIÓN No es eso. Lo que busco es precisamente entender por qué yo, por qué he de ser rey, por qué mi camino viene ya marcado, qué manos son las que trazan ese camino y qué margen tengo yo para decidir si lo sigo o no…

SELENE Tienes razón. No te entiendo. De lo que no tengo duda es de que eres el joven más aburrido de Alejandría.

CESARIÓN   Eso es porque has viajado poco. Si conocieras otras tierras comprobarías que soy el campeón mundial del aburrimiento.

SELENE   Tonto. Te burlas de mí, pero ¿acaso tú has viajado más que yo?

CESARIÓN   Aún no, pero viajaré. Te lo aseguro. Fíjate, este pergamino es de César. Cuenta cosas extraordinarias. Iberia, Grecia, Italia, la Galia, Britania, Siria, estuvo en todas partes.

SELENE   ¿Habla de mi padre?

CESARIÓN   ¿Qué?

SELENE   Ese pergamino, ¿dice algo de mi padre?

CESARIÓN   Claro, Marco Antonio y mi padre eran íntimos.

SELENE   ¿Cómo tú y yo?

CESARIÓN   De otro modo. Escucha lo que dice aquí: «existen ciertos animales a los que llaman alces que poseen unas piernas sin articulaciones ni ligaduras y a los cuales los árboles le sirven de cama, recostándose solo un poco para descansar.

SELENE   Unas piernas sin articulaciones ni ligaduras y que apenas descansa… creo que hablaba de ti…

CESARIÓN   Muy graciosa. Quiero creer que algún día yo también escribiré sobre cosas extraordinarias.

Que puedo alimentar mis ojos de asombro. Saldré de este palacio, de esta ciudad y recorreré Italia, Roma, Iberia. Hasta en la China oirán hablar de mí.

SELENE   Vas a alimentar tus ojos de asombro. Vaya. Eres todo un poeta. Creo que esos papiros te están convirtiendo en un soñador.

CESARIÓN   Es posible. Pero te aseguro que algún día esos sueños se harán realidad.

SELENE   ¿Y hay un lugar para mí en esos sueños tuyos?

CESARIÓN   No sé. Déjame que lo piense... Creo que sin ti no los llamaría sueños sino pesadillas.

SELENE   Tonto.

Escena 4

El barco de Cleopatra *vuelve a surcar el horizonte. Los campesinos entonan de nuevo su canto fúnebre. Pero, entonces, el barco se detiene. Aparece* Cleopatra *y desde el barco arenga a los campesinos. Mientras ella habla, los crespones negros son sustituidos por símbolos alegres, oropeles y banderolas que concuerdan con su mensaje de alegría y vuelta a la vida.*

El Coro de Campesinos *canta su canto fúnebre.* Cleopatra, *que aparece con el rostro cubierto por un velo, lo alza y se muestra descubierta ante su pueblo. Es la primera vez que el pueblo ve el rostro de su reina. Todos enmudecen. La reina se dirige a ellos.*

CLEOPATRA   Escucha, pueblo de Egipto, es Cleopatra, vuestra reina, quien os habla. Acabó el luto. Poned fin a las lágrimas. Yo soy Isis renacida y conmigo renace Egipto. Que regrese la felicidad a vuestros labios, pues sois hijos míos y en vosotros vive mi contento. Entonad cánticos alegres para que los dioses nos devuelvan alegría por alegría. Cleopatra ya no gime. Egipto ya no gime. Regresó la alegría a Egipto.

(*El* Coro de Campesinos *canta una tonada alegre. Sale de escena al concluir la canción.*)

MARCINA   Isis renacida…

CLEOPATRA   ¿Algún problema con eso?

MARCINA   No. Por supuesto que no. Es solo que me maravilla que con tan pocas palabras la sacerdotisa haya sabido devolver la alegría a mi reina.

CLEOPATRA   No ha sido la sacerdotisa. Es Isis. La sacerdotisa es solo un medio, del mismo modo que el papiro no es la voz de Cleopatra, pero lleva mi voz allí donde yo envío a un emisario.

MARCINA   Por supuesto. Perdona mi torpeza, Cleopatra, yo solo pretendía…

CLEOPATRA   No te disculpes. No eres más que una esclava. Cómo podrías comprender.

MARCINA   Te pido disculpas de nuevo por mi insolencia.

CLEOPATRA   Tampoco yo lo comprendí al principio. He estado confusa. Todo este tiempo fue como tener una nube en mi cabeza. Ya no. Tenía la respuesta ante mis ojos y no la vi. No entendí el papel de Cleopatra ni el de Marco Antonio.

MARCINA   ¿El de Marco Antonio?

CLEOPATRA   Cuando me abandonó me sentí perdida. Como cuando murió César. Sentí a Egipto indefenso, como un cordero en mitad del bosque, rodeado de lobos y alimañas. Hoy Isis me ha mostrado mi error. No estoy sola. Los dioses no se olvidaron de Cleopatra.

MARCINA   Nunca has estado sola, mi señora.

CLEOPATRA   ¡Qué sabrás tú de la soledad de una reina, pobre Marcina! No conozco mayor soledad que la de vivir sin un propósito. Y así he vivido yo estos últimos años, hasta que la diosa me abrió los ojos. Soy Isis renacida. Y, como Isis, mi misión es reconstruir una y otra vez el cuerpo de Osiris muerto…

MARCINA   ¿Y Osiris es Marco Antonio?

CLEOPATRA   Ni Marco Antonio ni César. No es un hombre. Es Egipto. El Egipto que soñaron mis antepasados y que ahora yace roto en mil pedazos. Mi misión es reconstruirlo. Recoger esos pedazos y hacerlo fuerte de nuevo. Le entregaré a mi hijo un imperio como no han conocido otro los siglos pasados. Y para ello necesito a Roma. Al brazo más fuerte de Roma. Da igual que se llame César o Marco Antonio.

MARCINA   No estoy muy segura de haber comprendido, mi señora. Entiendo que Horus es Cesarión. Y que necesitas a Roma para protegerlo. Pero tu aliado era César. Y está muerto. Y Marco Antonio…

CLEOPATRA   Calla, Marcina. Piensas como esclava. No pretendas desentrañar los misterios de Osiris. Limítate a entender que César está Muerto. Marco Antonio, también. Para Cleopatra tan muerto está César como Marco Antonio.

Escena 5
Roma. Burdel.

Un Coro de Faunos *y* Ninfas *rodean a* Marco Antonio, *disfrazado del dios Dionisos.* Demetrio *entra en escena. No puede ver a su general, porque está escondido en ese revoltijo de cuerpos.*

Demetrio (*Atrapa a un* Fauno *de la mano y le pregunta con asco.*) ¿Dónde está Marco Antonio? (*No recibe respuesta y vuelve a probar fortuna con una* Ninfa.) ¿Has visto al general Marco Antonio? Habla. Sé que está aquí. Traigo un mensaje urgente para él.

Marco Antonio (*Visiblemente borracho.*) ¿Quién pregunta por Antonio?

Demetrio Mi general, soy Demetrio, traigo…

Marco A. Cierra la boca, mortal. ¿No ves que estás ante Dionisos? ¿No mostrarás respeto ante mi corte de faunos y ninfas?

Demetrio Traigo un mensaje urgente…

Marco A. Calla. Si quieres que te escuche, ven, únete a la fiesta.

DEMETRIO   No es momento.

MARCO A.   Siempre es momento para festejar. Quítate esos ropajes de guerra, que desde aquí apestas a trinchera. Y esto es un recinto de paz.

DEMETRIO   Señor...

MARCO A.   No has abierto la boca y ya me aburres. Vamos, acércate, toma un trago y bebe a la salud de Dionisos. No todos los días se te presentará la oportunidad de beber con un dios.

DEMETRIO   Traigo un mensaje de tu señora Octavia...

MARCO A.   ¿No decía yo que olías mal? No es a trincheras, es a fastidio. Te has vuelto un tipo de lo más aburrido y cargante, Demetrio. (Al CORO.) ¿Os he contado alguna vez la historia de Demetrio? Es interesante. Cuéntasela, Demetrio. No temas, aquí somos todos amigos.

DEMETRIO   Vamos, Antonio, salgamos de aquí.

MARCO A.   Venga, no seas aguafiestas. Cuéntales.

DEMETRIO   Tienes que salir de este antro ya mismo...

MARCO A.   Vale, la contaré yo. El padre de Demetrio se metió en un lío de dinero, ¿es o no es cierto, querido amigo? Nunca supe si por juegos o por mujeres o por mala administración. Jamás te he preguntado, Demetrio. Da igual. El caso es que en el apuro recurrió a mi padre.

DEMETRIO   Déjalo ya, Antonio.

MARCO A.   No. Ahora es cuando se pone interesante. Mi padre por aquel entonces tampoco estaba muy boyante, pero decidió que no podía dejar en la estacada a un amigo. Le dijo a un esclavo que le apetecía afeitarse y que quería hacerlo con la jofaina de plata que había heredado mi madre. Una jofaina que valía sus buenos sestercios. Se mojó las mejillas y dijo al esclavo que podía retirarse, que había cambiado de idea. Y en cuanto se quedó solo arrojó el agua al suelo y le entregó la jofaina al padre del bueno de Demetrio, sacándolo así del apuro. Y salvó a tu familia del deshonor ¿Es cierto lo que cuento, Demetrio?

DEMETRIO   Vamos, Antonio…

MARCO A.   ¿Es cierto? ¿O soy un embustero? Responde.

DEMETRIO   Es cierto.

MARCO A.   Claro que es cierto. Le entregó la jofaina sin alardes, a escondidas de los ojos de todos. Para no humillar a tu padre. Porque es lo que hacemos los amigos. Y ahora vienes tú aquí, con tus aires de santurrón a humillarme a mí delante de mis faunos y mis ninfas…

DEMETRIO   Estás bebido, Antonio, no sabes lo que dices.

MARCO A.   Claro que no lo sé. En eso no te falta razón. No sé lo que digo ni sé lo que hago. Si lo supiera estaría aún en Alejandría. Nunca habría dejado Alejandría para venir a este agujero donde toda fatiga tiene asiento, ni habría dejado los brazos de Cleopatra para caer en los tentáculos de ese pulpo frío de Octavia.

DEMETRIO   Deberías medir mejor tus palabras. Octavia acaba de darte un hijo. Ese es el mensaje que vengo a darte.

MARCO A.   ¿Un hijo? ¿Un varón?

DEMETRIO   Una niña.

MARCO A.   (*Decepcionado.*) Una niña. Podía haberlo imaginado. Ni en eso puede complacerme.

DEMETRIO   Vamos. Salgamos de aquí. No es conveniente que los enemigos de Marco Antonio se enteren de que el nacimiento de su hija le sorprendió en el lecho de un burdel.

MARCO A.   (*A los* FAUNOS *y* NINFAS.) ¡Fuera! ¡Salid todos! ¡Ya! ¡Iros a la mierda! (*A* DEMETRIO.) Mira lo que has hecho, me has arruinado una borrachera que prometía ser estupenda.

Escena 6
Roma. Burdel

Salen FAUNOS *y* NINFAS. DEMETRIO *intenta sacar a* MARCO ANTONIO *cargándolo del brazo. No puede. Demasiado borracho. Lo sienta en algún sitio. Le ofrece agua para que se lave el rostro, grotesco de pinturas.* MARCO ANTONIO, *mal de su gusto, se asea.*

DEMETRIO   ¿Por qué te haces esto a ti mismo, Antonio?

MARCO ANTONIO.   No me canses con tus sermones, Demetrio. Ya me has estropeado la fiesta, no me fastidies también la resaca.

DEMETRIO   Te pones en evidencia. Y delante de esos esclavos que irán pregonando por toda Roma que retozaron con Marco Antonio.

MARCO A.   ¿Ahora debe importarme lo que digan de mí unos esclavos?

DEMETRIO   No. Lo que digan los esclavos no importa. Importa lo que crean tus enemigos. Mañana toda Roma sabrá que mientras la noble Octavia se retorcía por los dolores del parto,

Marco Antonio se retorcía por los efectos del vino, y disfrazado de fulana.

MARCO A. De Dionisos, Demetrio. No ofendas a los dioses.

DEMETRIO Aplícate el cuento. Tampoco tú deberías ofender a los dioses. Y ya sabes que el senado ha declarado dios a César. Y Octavio es hijo de César. Con este ridículo comportamiento estás ofendiendo a Octavio.

MARCO A. Eso, lejos de irritarme me hace reír. Los mismos que en vida no lo tragaban se ven ahora obligados a adorarlo como a un dios. Si Julio César viera semejante espectáculo, se partiría de risa.

DEMETRIO Tal vez. Pero Octavio no tiene el humor de César.

MARCO A. Octavio es un grano en el culo de Roma. Un niño consentido. No tardará el senado en cansarse de él.

DEMETRIO El senado ya está de tu parte, Antonio. Y el pueblo. El ejército te adora.

MARCO A. ¿Pero...?

DEMETRIO Pero Octavio te está ganando la partida. Puede que sea joven y le falte experiencia en el campo de batalla...

MARCO A.   ¿Experiencia? No sabría distinguir una espada de un mondadientes.

DEMETRIO   Es posible, pero es inteligente y frío…

MARCO A.   Como una serpiente.

DEMETRIO   Como un político, que es más peligroso. No seas pueril, Antonio. El peor error que podías cometer es subestimar a Octavio. Te aseguro que él no lo hace contigo.

MARCO A.   Octavio. Octavia. No hago más que escuchar esos nombres por todas partes. Me persiguen. Qué aburrimiento. Nunca debí dejar Alejandría. Cada mañana, cuando abro los ojos, me pregunto lo mismo: qué dios me nubló los sentidos y me hizo volver a este nido de víboras.

DEMETRIO   Este nido de víboras es tu patria, Antonio. Y yo te recomendaría mantener esas reflexiones en el cerco de tus dientes. Son peligrosas. Serénate. Quítate estos vestidos de Dionisos y ponte los que en verdad te corresponden, los de Marte.

MARCO A.   Dionisos, Marte. Dos dioses insaciables. Dionisos siempre sediento de vino y Marte siempre sediento de sangre. Puestos a elegir, prefiero el vino.

DEMETRIO   Es el vino el que te hace hablar así. Insensato. ¿Olvidaste la promesa que le hiciste al pueblo romano ante el cadáver de Julio César?

MARCO A.   Seguro que tú no lo has olvidado…

DEMETRIO   Le prometiste continuar el legado de César. Prometiste honrar su memoria. Y todos te creímos. Y lo seguimos creyendo. Porque si hay alguien que pueda hacerlo eres tú, Marco Antonio. A pesar que, desde que volviste de Alejandría, te has empeñado en demostrar lo contrario.

MARCO A.   ¿Y qué pretendes que haga? Roma me asfixia.

DEMETRIO   Pues aléjate de Roma. Eres soldado. Sal a luchar. Todavía está por cumplirse la promesa de César de derrotar a los partos y vengar la afrenta que le hicieron al general Craso. ¿Es que has olvidado que aún tienen en su poder las insignias de la cohorte y a cientos de prisioneros romanos?

MARCO A.   No lo he olvidado. Y me avergüenzo cada vez que pienso en tal afrenta.

DEMETRIO   Haces bien en avergonzarte, porque también el ejército se avergüenza. Roma entera se avergüenza. Condúcenos tú, Antonio. Derrotemos a los partos. Regresa a Roma con una sonora victoria y el senado y el ejército te aclamarán como a un nuevo César.

MARCO A.   Mi querido Demetrio, ¿crees que estás en el Foro? ¿Por qué te gastas conmigo ese discurso populista y hueco como si yo fuera un novato o un ignorante?

DEMETRIO   Te hablo como a un general.

MARCO A.   Pues como general te recuerdo que para llevar una armada hasta Partia se precisa una flota y un ejército y eso cuesta un dinero que el senado no me va a dar y que yo estoy muy lejos de tener.

DEMETRIO   Cierto. Pero eres el único que tiene ascendente sobre una reina que posee de sobra ambas cosas. Y que también necesita con urgencia ganarse las simpatías de Roma si quiere mantener su culo sobre el trono de Egipto.

MARCO A.   ¡Egipto! ¡Alejandría!

DEMETRIO   Llévanos allí, Antonio. Derrotemos a los partos y tendrás a Roma entera comiendo de tu mano.

MARCO A.   ¡Cleopatra!

DEMETRIO   Es tu oportunidad de abandonar este nido de víboras y volver con esa serpiente del Nilo.

MARCO A.   ¡Cleopatra!

Escena 7
Palacio de Cleopatra.

CLEOPATRA   Agradezco tu presencia en Alejandría, Berenice. Sé el sacrificio que haces al alejarte del templo y abandonar tus deberes de sacerdotisa.

BERENICE   Mi mayor deber es complacer a la reina Cleopatra.

CLEOPATRA   Gracias, de todos modos. Estas semanas a mi lado has sido de una ayuda inestimable. Espero saber recompensarte. A ti y al templo. Tienes mi palabra.

BERENICE   Ya me siento recompensada. Veo a la reina animosa y más segura de sí misma. Cuando llegué…

CLEOPATRA   Cuando llegaste acababan de informarme de que Marco Antonio regresaba a Alejandría. Ignoraba sus intenciones. Por un momento pensé que volvía por… Ahora ya sé que es un viaje político. Viene a Alejandría a buscar dinero para sus campañas. Quizás no le interese tratar con Cleopatra sino con su tesorero.

BERENICE   Y a Cleopatra no deben preocuparle los intereses de Marco Antonio sino los de Roma. Y los de Egipto.

CLEOPATRA   No temas. No me negaré a recibirlo a pesar de los desprecios, porque no es a Marco Antonio a quien recibiré. Negociaré con Roma. Y ya veré qué me ofrece a cambio.

BERENICE   Por otro lado, no está de más recordar que, aunque han pasado cinco años, es presumible que seguirá siendo Marco Antonio.

CLEOPATRA   ¿Qué pretendes decirme con eso?

BERENICE   Que en ese hombre siempre han sido más fuerte las pasiones que la razón. No creo que eso haya cambiado. Y es algo que juega a favor de Cleopatra.

            (*De fuera viene bullicio de gente gritando y corriendo. Entran* CESARIÓN *y* SELENE.)

SELENE   ¿Escuchas, madre?

CESARIÓN   Los barcos de Marco Antonio. Ya se ven en el horizonte.

SELENE   Toda Alejandría acude al puerto a recibirlos.

CESARIÓN   Dicen que trae más de diez mil legionarios con él.

Cleopatra   ¿Qué os importa a vosotros los legionarios?

Selene   ¿Crees que esta vez se quedará con nosotros?

Cleopatra   (…)

Berenice   No incomodes a tu madre con preguntas ridículas

Selene   Se trata de mi padre. Yo solo quería…

Cesarión   Escuchad. Ya suenan las trompetas. Los barcos tienen que estar llegando al puerto.

Selene   Por favor, madre, déjanos ir.

Cleopatra   ¿Dos príncipes en medio de este gentío? ¿Os habéis vuelto locos?

Cesarión   No pasará nada. Nos vestiremos como sirvientes.

Selene   Eso. Nadie se fijará en nosotros. Será divertido.

(*Entra* Marcina.)

Marcina   Mi señora.

Cleopatra   Habla, Marcina.

Marcina   Ha llegado un mensajero de Marco Antonio. Os ruega que, una vez amarrada y acondicionada su nave para la ocasión, os reunáis con él.

CESARIÓN   ¡En la nave de Marco Antonio!

SELENE   ¿Podré acompañarte, madre?

BERENICE   ¿En su nave?

MARCINA   Esas son las palabras del mensajero.

BERENICE   Aún no pisó tierra y ya quiere imponer sus condiciones. Impertinente.

MARCINA   Pues la impertinencia debe ser algo natural entre romanos, porque hasta el mensajero me habló con unos aires de príncipe que daban ganas de abofetearlo.

BERENICE   Qué locura es esa. Una audiencia real en una nave. Dile a ese mamarracho que si olvidó que es con la reina de Egipto con quien trata, no con un tratante de pescado.

CLEOPATRA   Espera. Dile que la reina está dispuesta a escuchar las palabras del procónsul. Pero que tendrá que ser él quien venga a la cámara real. No es necesario que le expliques dónde queda, conoce bien el camino.

MARCINA   Le transmitiré tus palabras al mensajero.

CLEOPATRA   Otra cosa, Marcina.

MARCINA   Señora…

CLEOPATRA   Los príncipes quieren ir al puerto a ver atra-
            car los barcos. Haz que los escolten unos sol-
            dados.

SELENE   ¡Madre!

CESARIÓN   Podemos apañarnos solos. No somos unos ni-
            ños.

CLEOPATRA   No, pero sois príncipes. Aprended a compor-
            taros como tales.

            (*Salen* MARCINA, CESARIÓN y SELENE.)

Escena 8
Alejandria. Palacio de Cleopatra.

Cuando quedan solas BERENICE y CLEOPATRA, *la reina camina de un lado a otro, frotándose las manos, clara señal de nerviosismo.*

BERENICE   Cleopatra.

CLEOPATRA   (…)

BERENICE   Mi señora.

CLEOPATRA   ¿Qué?

BERENICE   ¿Qué tienes?

CLEOPATRA   (…)

BERENICE   Ven aquí. Cuéntame. Qué te ocurre.

CLEOPATRA   Temo.

BERENICE   Ya veo. Veo el temor en tus ojos. Dime, ¿qué es lo que te asusta?

CLEOPATRA   El tiempo.

BERENICE No es pequeño enemigo. Sin embargo, te ruego que seas más concreta, mi señora.

CLEOPATRA Han pasado cinco años, Berenice. Tú acabas de recordármelo. Cinco años desde la última vez que Marco Antonio puso sus ojos en mí. Me temo que sea demasiado tiempo.

BERENICE En eso se nota que por tus venas corre sangre macedonia, no egipcia.

CLEOPATRA Cuidado, Berenice, tus palabras sonaron a impertinencia.

BERENICE Sin embargo la intención no lo es. Mi intención es hacerte notar tu percepción del tiempo. Es griega. Si hay algo con lo que los egipcios estamos acostumbrados a bregar es precisamente con el tiempo. Nuestro legado al mundo va de eso. Las momias, las pirámides, el Faro de Alejandría, la Biblioteca, todo en nosotros apunta a la eternidad. Los griegos, por el contrario...

CLEOPATRA ¿Insinúas que la reina de Egipto hace mal en considerarse egipcia?

BERENICE Digo que la reina de Egipto es la Nueva Isis y, como tal, debería saber que su destino es la inmortalidad. El tiempo es un concepto mortal.

CLEOPATRA Y mi cuerpo es mortal, Berenice. Es mi cuerpo mortal el que se subleva contra el paso del tiempo. Mis músculos pierden contundencia. Mis pechos no son lo que fueron. Temo que mi piel haya perdido la tersura de entonces, de cuando Marco Antonio decía estar loco de amor por mí.

BERENICE   También han pasado cinco años por el romano.

CLEOPATRA   Lo sé. Pero tengo observado que los años pasan sobre el cuerpo de ciertos hombres de puntilla, mientras que sobre el de las mujeres, en especial sobre las que hemos sido madres, pasa como un tornado, destrozando todo a su paso. Te juro que moriría de rabia si cuando vuelva a mirarme, después de toda esta ausencia, encuentro en sus ojos desdén, o lo que es peor, indiferencia.

BERENICE   Mi querida Cleopatra, en el fondo sigues siendo aquella niña insegura que subió temblando las escalinatas del templo. Mírate. ¿Qué hombre podría mostrar indiferencia ante la reina de Egipto? Eres tan hermosa como se pueda desear. Pero es que, además, eso carece de importancia. Tienes la sabiduría de Isis y de Afrodita. Conoces los secretos de Venus. Eros es tu aliado. Eso es lo que en verdad importa, porque, ante eso, no hay hombre que se resista.

CLEOPATRA   Marco Antonio no es un hombre. Al menos no un hombre común. Sobre sus hombros descansa la república de Roma.

BERENICE   Y qué. Que se hunda Roma. Roma nació ayer, es una advenediza. Pero sobre tus hombros descansan tres milenios de historia. Egipto es un gigante que duerme, mi señora. Cuando despierte aplastará con sus pies a estos tábanos que ahora acuden a chuparle la sangre. Tú eres la Nueva Isis. La elegida para despertar a Egipto de su modorra. No olvides cuál es tu misión.

CLEOPATRA   No la olvido, Berenice. Es solo que a veces no me siento como Isis sino como una pobre mujer golpeada por el tiempo.

Escena 9
Alejandría.

MARCO ANTONIO   ¡Cesarión! ¡Cómo has crecido! Mira, Demetrio, el hijo de César se nos ha convertido en todo un hombre.

DEMETRIO   Si salió a su padre, que tiemblen los burdeles de Oriente.

MARCO A.   Si salió a su padre, que tiemble Oriente y Occidente…

CESARIÓN   Tienes que verme lanzar la jabalina, Antonio, y galopar sobre un caballo al trote con las manos sobre la espalda, como tú.

MARCO A.   Sí que he estado fuera mucho tiempo. Te has convertido en un legionario. (*A* SELENE.) Y tú…

SELENE   Hola, padre…

MARCO A.   También has crecido. Bonitos ojos. Iguales que los de tu madre…

SELENE   Yo también aprendí a montar, padre; deberías verme sobre…

MARCO A.   (*Indiferente al entusiasmo de su hija.*) Me alegra verte Cesarión. Tendremos que charlar tú y yo, y ponernos al día. Pero mejor con una copa en la mano.

CESARIÓN   Yo no bebo. Pero me encantará conversar contigo y escuchar tus aventuras.

MARCO A.   ¿No bebes? Vaya. Al menos dime que ya no eres virgen.

CESARIÓN   Ahórrate las groserías, Antonio. Es una pregunta impertinente para un príncipe.

MARCO A.   Por Hércules, Demetrio, puede que el príncipe sacara la nariz de César pero el mal genio es de su madre, de eso no hay duda. Por cierto, ¿dónde está Cleopatra?

MARCINA   En la sala real. Aguardad aquí y entraré a anunciaros.

MARCO A.   No es necesario. Conozco bien el camino. Anda, Cesarión, sé bueno y enséñale al asno de Demetrio las maravillas de Alejandría, a ver si tú consigues meter algo de sensatez en esa mollera. Yo iré a presentar mis respetos a la reina.

Escena 10
Palacio de Cleopatra.

MARCO ANTONIO *entra en palacio a zancadas, con la arrogancia del triunfador.*

MARCO ANTONIO   ¡Cleopatra!

BERENICE   Inclínate, romano, ante la reina de Egipto.

MARCO A.   Tienes razón. Yo, que he hecho inclinar la cabeza de cien reyes, beso los pies de la única persona ante la cual Marco Antonio inclina gustoso la cabeza.

(*Hace una reverencia entre burlona y protocolaria.*)

CLEOPATRA   Déjanos a solas, Berenice.

BERENICE   Disculpa, señora, pero creo que…

CLEOPATRA   Fuera. Déjame despachar a solas con el procónsul.

(BERENICE *sale de escena.*)

MARCO A.   ¿Eso soy ahora para ti? ¿Simplemente un procónsul?

CLEOPATRA   ¿Acaso llegas con otros títulos?

MARCO A.   Me gustaría creer que aún tengo el de amigo.

CLEOPATRA   Ese galardón prescribió hace tiempo.

MARCO A.   No para mí.

CLEOPATRA   Me dejaste, Antonio. Prometiste volver tras las exequias de tu esposa. Y yo te creí.

MARCO A.   Me retuvieron asuntos de estado.

CLEOPATRA   ¿Cinco años? ¿Tu boda con Octavia es asunto de estado? ¿Hacerle una barriga era asunto de estado? Sí. En realidad, supongo que sí.

MARCO A.   Soy un general romano, Cleopatra. Me debo a Roma.

CLEOPATRA   Tienes razón. Y yo soy la reina de Egipto. Hablemos de asuntos de estado.

MARCO A.   (*Arrebatado. Trata de abrazarla. Ella se aparta.*) Cleopatra. Si supieras de qué modo he echado de menos tu voz. Ni todas las trompetas de Roma ni el ensordecedor sonido de las batallas han podido acallarla. Oía tu voz, Cleopatra. Tienes que creerme. Sé que me llamabas.

Confiésalo. Durante todos estos años. Ni un solo día dejé de escucharte aquí dentro.

(*Señala su corazón.*)

CLEOPATRA   Y, aun así, no respondiste. Te quedaste en Roma.

MARCO A.   Estaba de pies y manos atado. La muerte de César lo ha puesto todo patas arriba. El senado y el ejército me convencieron de que si me alejaba de Roma, ese César Octavio...

CLEOPATRA   ¡No lo llames César en mi presencia! ¡No te atrevas! El único que tiene derecho a usar ese nombre es mi hijo. Cesarión.

MARCO A.   ¿Qué nos ocurre, Cleopatra? ¿Qué hacemos tú y yo hablando de cosas tan mezquinas? No he cruzado un océano para hablar de política. Ya he tenido demasiada política en Roma. Y te aseguro que me aburre Roma. Me aburre Octavio. Me aburre Octavia. Lo mandaría todo al mismísimo Averno solo porque tú volvieras a abrazarme.

(*La abraza.* CLEOPATRA *se deja hacer.*)

CLEOPATRA   He vivido estos últimos años siendo esclava del ayer. Cautiva de la melancolía. Me prometí que nunca volvería a sentirme así. Ni por ti ni por nadie, Antonio.

MARCO A. Ni yo consentiré que eso ocurra, mi señora. Tienes mi palabra. Si volvieras a amarme me amarraría a ti con un lazo más fuerte que el que encadenó a Prometeo a una roca.

CLEOPATRA ¿Prometeo? Me sorprendes, Antonio. ¿Desde cuándo te has convertido en poeta?

MARCO A. Poeta, general, soldado, rey, bufón, amante. Hay cien Antonios dentro de este Antonio. Y todos son súbditos de la reina de Egipto.

CLEOPATRA No necesito a un Antonio súbdito. Poseo millones de súbditos. Tendrás que esforzarte más.

MARCO A. He sido torpe. Olvidé que hablo con la Nueva Isis. No debí ofrecerle cien hombres, bastaba con ofrecerle un dios. Deja que sea para ti Dionisos. La reencarnación de Dionisos. Y te prometo que colmaré de vino y de fiestas estas salas hasta borrar cualquier rastro de melancolía.

CLEOPATRA Acepto la invitación. Veamos de qué eres capaz. Bienvenido seas a Egipto, Dionisos.

Escena 11

Han pasado los días. CESARIÓN *y* SELENE *han ejercido de cicerones de* DEMETRIO, *que, por su parte, está cansado de hacer turismo. No ha venido a eso. Pero su jefe se ha sumido en un torbellino de fiestas y orgías que parece no tener fin.*

SELENE   Ha sido fantástico. Creo que no subía al faro desde niña. ¿Qué te ha parecido, Demetrio?

DEMETRIO   Agotador.

SELENE   Lo próximo será el Templo de Artemisa. Una maravilla para los ojos. Lástima que esté en Éfeso. Podemos salir mañana a primera hora, si te parece bien…

DEMETRIO   No, mi princesa. Creo que tuve bastante cultura para lo que me queda de vida. Llevamos semanas de acá para allá. Suficiente para un soldado.

SELENE   ¡Pero si es de lo más hermoso!

DEMETRIO   Seguro que sí. Pero ya no me cabe más hermosura en la cabeza.

CESARIÓN   Ya ves, hermana, que somos unos anfitriones terribles. Hemos aburrido a Demetrio.

SELENE   Ojalá que la reina no se entere, o nos hará la vida imposible.

CESARIÓN   Confiamos en tu prudencia, Demetrio.

DEMETRIO   No os burléis de mí. Os lo ruego. Sois anfitriones perfectos. Es solo que vosotros sois príncipes, vuestro deber es construir cosas hermosas. Yo soy soldado. Mi deber es destruirlas.

CESARIÓN   Una forma pesimista de entender tu oficio, Demetrio.

DEMETRIO   Tal vez. Pero, por lo que yo tengo observado, las ciudades se amurallan para evitar que soldados como yo entren y arramplen con todo lo hermoso que hay en ellas.

SELENE   ¿Para eso estás aquí? Para arramplar con las cosas hermosas de Egipto.

DEMETRIO   Egipto es aliado de Roma, princesa. Hemos venido a luchar contra los partos. Y ya habríamos cumplido nuestra tarea sino fuera porque nuestro general se ha quedado a vivir en una eterna borrachera.

SELENE   Te recuerdo que ese general es mi padre, soldado…

DEMETRIO   Mis disculpas, princesa. ¿Veis? Tantas pirámides y tantas bibliotecas me han dejado el cerebro seco. Disculpadme. Será mejor que busque una taberna donde remojarlo. La falta de vino me hace decir tonterías. Salud.

(*Sale* DEMETRIO.)

CESARIÓN   Se le ha secado la garganta cuando le has dicho «ese general es mi padre... Menuda cara has puesto. Hasta yo me asusté.

SELENE   No tolero que le falten al respeto a mi padre. Aunque se lo esté ganando a pulso.

CESARIÓN   Los últimos años los pasó de batalla en batalla. No ocurre nada porque ahora se tome un respiro.

SELENE   No me refería a eso...

CESARIÓN   (...)

SELENE   Soy su hija. ¿No merezco al menos una palabra? Habla más con su caballo que conmigo. Creo que no recuerda ni mi nombre. Desde que llegó, lo más amable que me ha dicho ha sido «niña, y hasta eso fue porque creo que me confundió con una de las sirvientas, a la que, por cierto, hace ojitos.

CESARIÓN   ¿No estás siendo demasiado dura?

SELENE   ¿Dura? No. Estoy siendo indulgente.

CESARIÓN Tiene muchas cosas en la cabeza. No deberías tomárselo en cuenta.

SELENE   Para ti es fácil decirlo. Contigo es todo Cesarión esto y Cesarión lo otro. Pero yo… Lleva aquí semanas y no se dignó darme un abrazo, ni un simple beso en la frente. Me odia.

CESARIÓN ¿Cómo puedes pensar eso? Nadie te odia. Alejandría entera te ama.

SELENE   No me importa toda Alejandría.

CESARIÓN Yo también soy Alejandría.

SELENE   Tú eres diferente. Cuando estoy contigo, me importa un rábano lo que diga o haga Marco Antonio. Ni siquiera Cleopatra. Tú eres toda mi familia.

CESARIÓN ¿Lo ves? Has vuelto a hacerlo. Has hecho que a mí también se me seque la garganta. Vamos. Entremos en palacio. Necesito beber algo.

Escena 12

DEMETRIO *se encuentra con* MARCINA. *Descubrimos que el verdadero motivo por el que se ha separado de los príncipes no es la sed, sino porque mantiene un secreto romance con* MARCINA. *Un romance interesado. Ella es ingenua. Él, astuto. Le promete cosas a cambio de que se convierta en espía de la alcoba de su reina. Ella acepta.* DEMETRIO *escondido tras una columna o en algún rincón. Aguarda. Hasta que pasa* MARCINA. *Le hace una señal. Se funden en un abrazo de amantes.*

DEMETRIO   Creí que no conseguiría deshacerme de esos dos mocosos.

MARCINA   No te quejes. Son dos jóvenes adorables.

DEMETRIO   Son dos jóvenes pesados como un senador borracho.

MARCINA   Al menos no estás por ahí, cavando trincheras ni temiendo que un enemigo te ensarte con su lanza como a una sardina.

DEMETRIO   Pues ha habido momentos en que habría cambiado a los príncipes y sus bibliotecas por un batallón enemigo.

MARCINA   Exageras. Yo también he tenido que hacer tri-
quiñuelas para escaparme un momento. Pero
tenía tantas ganas de verte, Demetrio.

DEMETRIO   Y yo a ti, Marcina.

MARCINA   Qué locura es esta. Quién me iba a decir a mí
que yo…

DEMETRIO   ¿Qué tú qué? ¿Te arrepientes?

MARCINA   No es eso.

DEMETRIO   ¿Entonces?

MARCINA   Tú eres romano y libre, y yo…

DEMETRIO   Y tú lo serás pronto. Serás mi mujer. Yo te haré
romana y libre.

MARCINA   ¿Lo juras?

DEMETRIO   Te lo he jurado ya mil veces. Y lo vuelvo a ju-
rar. Ante Júpiter Tronante.

MARCINA   Júralo por Sobek, el dios cocodrilo. Y que si
mientes, tus restos acaben en el vientre de
un cocodrilo.

DEMETRIO   No es una imagen grata. Pero lo juro. Por
Sobek.

MARCINA   Soy tan feliz solo de pensarlo. Pero, aquí dentro, dudo… Cleopatra ha sido siempre buena conmigo.

DEMETRIO   Lo cual no quita que siempre hayas sido su esclava.

MARCINA   Desde que nací. Esclava. Tienes razón. No sé si sabré…

DEMETRIO   Sabrás. Yo te enseñaré. Yo también sé lo que es sufrir las impertinencias de un amo. Durante toda mi vida no he hecho más que servir a Marco Antonio. Y lo he hecho con gusto. Pero se ha convertido en un glotón y un lascivo borracho. Y no pierde la ocasión para dejarme en ridículo. Si los dioses nos ayudan, a ti y a mí nos aguarda un futuro mejor. Te lo prometo.

MARCINA   Eres un buen hombre, Demetrio. No dejo de darle gracias a los dioses por haber permitido que pusieras tus ojos en mí.

DEMETRIO   Yo también agradezco a mis dioses y a los tuyos. Si ellos lo permiten, pronto estarás en Roma, en una preciosa villa, rodeada de sirvientes. Pero eso será en breve. Ahora tienes que estar atenta a cuanto dicen y hacen Cleopatra y Marco Antonio. Tú eres a la única a la que se permite acceso a los lugares más íntimos.

MARCINA   No soy la única. Olvidas a Berenice.

DEMETRIO   No la olvido. Si Antonio no está en sus cabales es, sin duda, debido a alguna pócima de esa hechicera de Berenice que, en mi opinión, es la verdadera reina de Egipto.

MARCINA   Exageras. No hay bebedizos para lo que le pasa a Antonio.

DEMETRIO   (…)

MARCINA   Antonio está enamorado. Ni Berenice tiene tanto poder…

DEMETRIO   ¿Ahora eres filósofa? Limítate a hacer lo que yo te digo. Quiero que seas mis ojos y mis oídos ahí dentro. ¿Lo has entendido?

MARCINA   Claro. He entendido.

DEMETRIO   Pues, corre. Vuelve, antes de que te echen en falta. (*Sale* MARCINA. *Para sí.*) Que me lleven las Erinias si no consigo librar a Marco Antonio de las garras de esa ramera alejandrina.

    (*Sale.*)

Escena 13
Alejandría.

Llega MARCO ANTONIO *sobre una litera, vestido con las galas del dios Dionisos. Borracho. Lo portan sus soldados, borrachos y festivos, cantan y celebran con él. En otra litera,* CLEOPATRA, *no menos borracha, ataviada con las galas de Isis. La acompaña un cortejo de ninfas. Cantan, beben.*

CLEOPATRA (*Alza su copa señalando a* MARCO ANTONIO.) Gloria a Dionisos Meliquio, el dios de la alegría.

MARCO ANTONIO   Gloria a la Nueva Isis.

CLEOPATRA (*A una sirvienta.*) Tú, llena una vez más las copas de vino. Quiero beber hasta anegar el pensamiento.

MARCO A. (*A la misma.*) ¿De dónde eres, niña?

NIÑA De Creta, mi señor.

MARCO A. (*Recita.*) ¡Oh, Tierra y resplandeciente rayo del sol, detened a esta mujer funesta antes de que arroje sobre sus hijos su mano asesina!

NIÑA   (*Replica.*) ¡Detenla, oh luz nacida de Zeus, arroja de la casa a la desdichada, enviada por los dioses vengadores!

MARCO A.   Por Júpiter, Cleopatra, me escancian la copa ninfas expertas en Eurípides. No dejas de sorprenderme.

NIÑA   Mi padre amaba Medea, y yo se la escuché recitar tantas veces que…

CLEOPATRA   Silencio, esclava, habla solo cuando se te pregunta.

MARCO A.   Déjala. Me gusta su acento ático. Y me gusta su cara. Y sus muslos. Una combinación deliciosa.

MARCO A.   ¿Qué edad tienes?

NIÑA   (…)

MARCO A.   No, no me la digas. No lo estropeemos. Dejemos las fechas a los astrónomos. Dime tan solo si sabes cantar.

NIÑA   Aprendí a cantar antes que a andar, mi señor.

MARCO A.   Excelente. Quiero que esta noche cantes para Cleopatra y para mí en nuestro dormitorio. Tú sola. Si cantas tan bien como escancias, te prometo que saldrás satisfecha.

NIÑA   Será un honor, mi señor. He oído decir que en cierta ocasión mi señor Marco Antonio le regaló al poeta Boeto la ciudad de Tarso entera.

MARCO A.   (*Ríe.*) Una chica ambiciosa. Ven esta noche al dormitorio. Y haz que Cleopatra y yo escuchemos a los dioses hablar por tu boca. Luego hablaremos de regalos.

NIÑA   (*Reverencia.*) Mi señor…

MARCO A.   (*Al* CORO.) Y vosotros, bailad y cantad hasta que hagáis llorar de envidia a los mismos dioses.

CLEOPATRA   Somos la sociedad de la vida inimitable.

MARCO A.   Eso. Por la vida inimitable. Bebed. Cantad. Que no pare el baile. Haced que la música suba a los cielos.

CLEOPATRA   Que se enteren los dioses de que Isis y Dionisos han traído un pedazo de Olimpo a la Tierra.

             (*El* CORO *canta, baila y beben hasta quedar todos rendidos. Duermen. También* CLEOPATRA *y* MARCO ANTONIO *duermen en sus respectivas literas.*)

Escena 14

Cuando entra en escena DEMETRIO, *se encuentra con un espectáculo que lo deprime. Su general disfrazado de fantoche. Dormido en mitad de una orgía de cuerpos.*

DEMETRIO   (*Para sí.*) Maldito borracho. (*Se aproxima con cuidado y trata de despertar al procónsul.*) Antonio, despierta.

(*Insiste.*)

MARCO A.   Demetrio. Quién si no. Te estás especializando en amargarme las resacas.

DEMETRIO   Vamos, despierta. Sal de aquí. La tropa empieza a impacientarse.

MARCO A.   No seas aguafiestas. Es pronto. Toma una copa. Es un vino de Falerno que sabe a gloria. Una copa de estas vale un salario, puedes creerme.

DEMETRIO   Ya basta, Antonio. Todo esto es demasiado deprimente incluso tratándose de ti.

MARCO A.   Baja la voz. Despertarás a Isis. Y no te lo recomiendo.

DEMETRIO (*Mira a* CLEOPATRA.) Entiendo que Marco Antonio quiera poseer lo que antes poseyó el gran César. Todos lo entendemos. Es una buena jaca. Pero ya tienes tu trofeo. Ahora debes centrarte en lo que de verdad nos trajo aquí.

MARCO A. Cuida tus palabras, Demetrio. Hablas de una reina.

DEMETRIO Sé bien de quién hablo. Y tú deberías recordar que solo es reina porque un ejército romano sentó a su padre en el trono y porque Julio César se encaprichó de ella…

MARCO A. Si sigues hablando de ese modo te arrancaré la cabeza y pincharé tu lengua en la puerta de palacio. No olvides con quien hablas.

DEMETRIO Eso. ¿Con quién hablo? Dímelo tú, Antonio. ¿Hablo con Dionisos? ¿Con el bufón de los alejandrinos? ¿Con Marco Antonio, el general que toda Roma ama? ¿Con el soldado que el ejército adora y que siguió hasta este rincón del mundo para luchar contra los partos? Dime con quien hablo porque yo ya no te reconozco.

MARCO A. Soy Dionisos y soy Marco Antonio, el de la vida inimitable. Soy el que cruzó el Rubicón con César, el que comandó el ala izquierda del ejército que derrotó a Pompeyo, soy el brazo que derramó la sangre de los asesinos de César. Soy el escudo que protegió a la República de farsantes como Cicerón y como Octavio y tantos otros. Soy todo lo bueno que Roma pretende ofrecer al mundo. Un brazo severo y un corazón festivo. No te confundas conmigo, Demetrio. Tú precisamente deberías conocerme mejor. Que no te confundan estas galas. Que no te confundan unas cuantas copas de vino ni mis ansias de vivir, de festejar cada respiro que los dioses me conceden. Tú mejor que nadie deberías saber que, si hay algo que los dioses me otorgaron, fue el don de la fidelidad. De la verdadera fidelidad, no de la que se inclina del lado de donde cae el oro. Yo soy fiel a cuanto mi corazón ama. Y Marco Antonio amó a Roma, y Roma me ha dado la espalda obnubilada por ese tahúr de Octavio. Amé a César, y me lo asesinaron. Y ahora amo a esa mujer a la que tú llamas víbora, pero que yo siento como alma gemela. El alma más grande que he tenido el privilegio de conocer. Esa mujer tiene una visión del mundo que podría fascinarte si lograras verla como yo la veo. Pero tú no puedes verla. Cómo podrías. Tienes el corazón en consonancia con tu bolsillo. Eres demasiado mediocre para percibir la grandeza. Lárgate. Patán. Me cansan tus simplezas. Vamos. Largo de aquí.

(DEMETRIO *se retira, visiblemente airado.*)

Escena 15.

Cuando DEMETRIO *se va,* MARCO ANTONIO *ya es incapaz de dormir. Se levanta con cuidado y va a servirse otra copa.* CLEOPATRA *despierta. Se levanta y se acerca a él.*

CLEOPATRA Tiene razón. Es un bruto. Pero no le falta razón.

MARCO A. ¿Estabas escuchando?

CLEOPATRA Es el deber de una reina. Verlo todo. Escucharlo todo.

MARCO A. Debí atravesarlo con mi espada.

CLEOPATRA ¿Por qué? ¿Por decir que fui el capricho de César? ¿Por llamarme jaca? He soportado cosas peores.

MARCO A. Eres una diosa, Cleopatra, eres la Nueva Isis, no deberías soportar que esos sucios palurdos digan…

CLEOPATRA ¿Acaso crees que no sé que tus hombres me llaman «la vergüenza del Nilo» o «la fatal Erinia del Lacio» o «la impúdica serpiente»? ¿Y qué? Son solo palabras.

Marco A.   Los haré crucificar a todos.

Cleopatra   No hay suficientes árboles en Egipto. Además, te quedarías sin hombres para luchar contra los partos. Y es a eso a lo que has venido a Egipto. Para eso es para lo que necesitas a la reina Cleopatra, para que te proporcione dinero, hombres, barcos. ¿No es cierto?

Marco A.   Eso fue lo que me pidió el senado. Pero te juro que ya todo eso me es indiferente. A la mierda el senado. Dime que…

Cleopatra   Basta. No sigas. Compórtate como un general.

Marco A.   ¿Me lo pide Cleopatra o la Nueva Isis?

Cleopatra   Es Cleopatra quien te habla. Y no te lo estoy pidiendo. Lo exijo.

Marco A.   Mira que es una exigencia costosa. Me pregunto si Cleopatra estaría dispuesta a ayudarme.

Cleopatra   Tropas, barcos, todo el dinero que necesites. Acaba con los partos. Vuelve a Egipto con una victoria y Egipto hará que te adoren en Roma y todo Oriente como el nuevo Hércules.

Marco A.   Una oferta generosa. ¿Qué pide Egipto a cambio de tanta generosidad?

CLEOPATRA (*Hace sonar las palmas. Aparece* MARQUINA *con un cofre en las manos. Dentro, un papiro que toma* CLEOPATRA.) Esas son mis condiciones.

MARCO A. Veo que habías pensado en todo.

CLEOPATRA Es el deber de una reina. Verlo todo. Oírlo todo. Pensarlo todo.

MARCO A. (*Lee el documento.*) Le serán entregados a Egipto los territorios romanos en Oriente y África… vaya… también la biblioteca de Pérgamo…

CLEOPATRA Siempre fueron propiedades de mis antepasados. Solo reclamo que vuelva a manos egipcias.

MARCO A. … ¿Me pides que me divorcie de Octavia?

CLEOPATRA Lo exijo.

MARCO A. El senado nunca lo consentirá.

CLEOPATRA Tú regresa de Partia con una victoria y ya nos encargaremos del senado.

MARCO A. Cesarión será reconocido por el senado y por el pueblo de Roma como hijo legítimo y heredero de Julio César… ¡Esto es una declaración de guerra contra Octavio!

CLEOPATRA La guerra empezó en el mismo momento en que Octavio se hizo llamar heredero de César.

Desde entonces ni Cesarión, ni Egipto, ni la reina Cleopatra pueden dormir en paz.

MARCO A. … el procónsul Marco Antonio contraerá matrimonio con la reina de los dos Egiptos, Cleopatra VII Filopator…

(*Cierra el pergamino.*)

CLEOPATRA Mi nombre, Cleopatra, significa «gloria de sus antepasados». Toda mi vida he tratado de honrar ese nombre. Cada una de las cláusulas que se han escrito en ese pergamino tiene esa intención. Soy Isis reconstruyendo a Osiris. ¿Algo que objetar, Antonio?

MARCO A. Lo que me pides me coloca en una posición comprometida con Octavio y con Roma…

CLEOPATRA No hay gloria sin riesgo, bien lo sabes. ¿Firmarás?

MARCO A. (*Después de pensarlo unos segundos.*) Firmo.

(*Rubrica el documento y se lo entrega a* CLEOPATRA.)

CLEOPATRA Toma, Marcina, entrega este documento a Berenice y que ella lo guarde en el arcón sagrado. Ya lo reclamaré a su tiempo.

(MARCINA *toma el documento y sale.*)

MARCO A.   No sé si eres consciente de que me has hecho firmar una declaración de guerra. Si ese papel cae en manos de Octavio....

CLEOPATRA   Has firmado una alianza con Egipto. Ahora somos invencibles. Primero encárgate de los partos. Luego nos encargaremos de Octavio.

MARCO A.   No deberían llamarte «la serpiente del Nilo». Eres la hechicera de Egipto.

CLEOPATRA   Seré lo que Egipto necesite que sea. Vamos, salgamos a la ciudad. Hemos hecho una alianza digna de dioses. Que Alejandría entera goce de la sociedad de la vida inimitable.

MARCO A.   ¿Ya somos Isis y Dionisos de nuevo? Formidable. Me aburre la burocracia. ¡Por la sociedad de la vida inimitable!

(CLEOPATRA *toca las palmas hasta hacer despertar a todos los presentes.* MARCO ANTONIO y CLEOPATRA *vuelven a sus literas. Los alzan y salen de escena a golpe de* CORO.)

Escena 16

MARCINA *entra en escena trayendo entre las manos el papiro que firmó* MARCO ANTONIO. *Nerviosa. Impaciente. Es evidente que espera a alguien y que no desea ser vista.*

MARCINA (*Para sí.*) ¿Dónde está este hombre? ¿Por qué se retrasa? ¿Es que no sabe que me juego la vida al hacer lo que hago? Oh, Serapis, tú que abarcas el universo entero, que tus orejas están en el aire y tu ojo penetrante es el sol, tú que todo lo ves y que todo lo sabes, dime si lo que hago no es en perjuicio de mi señora, dime si mis manos están en el camino recto, porque sé que mi corazón sí lo está, que todo cuando hago es por amor, ¡pero he visto tantas veces a los hombres cometer vilezas en nombre del amor! Cuentan que Jerjes se enamoró de un plátano y Pasifae de un toro. Y si tal poder tiene el amor sobre los poderosos, de qué modo no podrá cegar a una pobre esclava como yo. Respóndeme, Osiris, ¿el amor me ha cegado o van mis actos acordes con mi corazón?

(*Entra* DEMETRIO. *Vestido y pertrechado para la guerra.*)

DEMETRIO   ¿Con quién hablas, mujer?

MARCINA   Rezo. A Serapis.

DEMETRIO   Haces bien. Salimos en breve para la guerra y
toda ayuda será bienvenida. ¿Has traído el papiro del que me hablaste? El que tu reina le
hizo firmar a Antonio…

MARCINA   Sí. Aquí lo tienes. ¿Qué harás con él?

DEMETRIO   Nada que deba preocuparte.

MARCINA   Mírame, Demetrio, si tienes pensado hacer
algo que ponga en peligro la vida o el honor
de Cleopatra…

DEMETRIO   No se trata de Cleopatra. Para ella no hay ningún peligro. Yo solo intento proteger a Roma.

MARCINA   ¿Y de qué manera ayuda ese papel a tu propósito?

DEMETRIO   La tropa está nerviosa. Yo mismo estoy ner-
vioso. Se rumorea que varias estatuas de Marco Antonio han caído de sus pedestales sin
ayuda alguna humana. También dicen que un
rayo ha caído sobre un templo y lo ha redu-
cido a cenizas. Hace días que una estatua de
Marco Antonio exuda sin que nadie sepa a qué
se debe. No son buenos augurios.

MARCINA   No lo son, Demetrio, pero sigo sin entender en qué ayuda ese papiro a nuestros propósitos.

DEMETRIO   Si los dioses dan la espalda a Marco Antonio, como pronostican los augurios, nos conviene tener de nuestra parte a Octavio. Y este papiro es nuestro salvoconducto.

MARCINA   ¿Se lo vas a entregar a Octavio?

DEMETRIO   Solo si la batalla no nos es favorable.

MARCINA   Dios mío…

DEMETRIO   Es nuestra mejor oportunidad. Con este documento no solo salvamos nuestras vidas, nos haremos ricos.

MARCINA   Espero que tú sepas lo que haces, porque yo…

(Suenan trompetas y tambores.)

DEMETRIO   Tengo que irme. Vuelve tú también a palacio antes de que te echen en falta. Nos veremos a la vuelta.

MARCINA   Si Serapis quiere.

DEMETRIO   Confío tanto en mi Júpiter como en tu Serapis, pero, quién sabe… Adiós, mujer.

(Salen cada uno por un lado.)

Escena 17
Alejandría. Palacio de Cleopatra.

> CESARIÓN, *enojado. Toda la juventud alejandrina ha partido con los romanos a la batalla, pero a él ni siquiera le permiten salir de palacio.* SELENE, *por su parte, se muestra enfadada porque su padre se ha ido sin una palabra de despedida.* BERENICE *trata de consolar a ambos. Las voces de los príncipes atraerán a* CLEOPATRA.

CESARIÓN   Esto es absurdo. Es más, me parece insultante. Soy el príncipe.

BERENICE   Por eso mismo, mi señor. Se trata de la seguridad del príncipe.

CESARIÓN   Pues mi seguridad me hace quedar en ridículo. Toda la juventud alejandrina salió para la guerra. Mientras, yo me pudro entre estas paredes...

BERENICE   Tu destino no es portar lanza y escudo. Has nacido para ser rey.

CESARIÓN   ¿Y ser rey no debería ser lo mismo que ser el más libre de los hombres?

BERENICE   Me temo que mi respuesta a eso no te com-
             placería…

CESARIÓN   Sí, eso mismo me temo yo. No soy libre. Ni si-
             quiera soy un hombre. Soy un decreto. Un pro-
             yecto jurídico. Otros han decidido lo que debo
             ser, como debo vestir, como debo hablar…

BERENICE   ¿Acaso preferirías ser cuidador de cabras? ¿Pre-
             ferirías ser albañil? ¿Levantar pirámides con
             tus manos antes que ser quien ordena levan-
             tarlas? Me temo, querido niño, que no sabes
             lo que dices. Deberías sentirte orgulloso. Eres
             fruto de la unión entre César-Amón y Cleo-
             patra-Isis.

CESARIÓN   ¿Y de qué me sirve tan alta alcurnia si no se
             me permite ni pensar por mí mismo?

BERENICE   Pensar requiere una cabeza sobre los hombros
             y me temo que esa es una postura difícil de
             mantener cuando se está en primera línea de
             combate.

SELENE   ¿Hay noticias de la guerra? ¿Qué han dicho
             los mensajeros?

BERENICE   Nada que no supiéramos ayer. Paciencia. Si lo
             que te preocupa es tu padre…

SELENE   No me preocupa…

BERENICE   Estará bien. Seguro. Los dioses le harán volver con un triunfo.

SELENE   Me conformo con que vuelva. Me gustaría decirle a la cara un par de cosas. Se fue sin mediar palabra. Como si yo no existiese. O peor aún, como si le molestara mi presencia o se avergonzara de mí.

BERENICE   Qué equivocada estás, princesa. Tu padre te quiere. Y piensa en tu bienestar. Tanto es así que, antes de partir, se aseguró de concertar un matrimonio muy beneficioso para su pequeña Selene.

SELENE   ¡Qué! ¿De qué hablas?

BERENICE   Lo siento. Creí que se te había informado…

SELENE   Nadie se tomó la molestia. Dímelo tú, ¿Qué matrimonio es ese? Habla de una vez…

BERENICE   Vas a casarte con un príncipe joven, apuesto y rico.

SELENE   No, si puedo evitarlo. Te aseguro que…

BERENICE   Serás la esposa del príncipe Juba, señor de Numidia.

SELENE   ¡No! ¡Nada de eso! No pienso casarme con nadie a quien yo no quiera. ¿Cómo se atreve?

Me abandona durante años y ahora se permite decidir sobre mi vida. No voy a permitirlo.

(*Entra* Cleopatra.)

CLEOPATRA   ¿Qué ocurre? ¿A qué vienen esas voces? Se os escucha desde la otra punta del palacio. Bajad el tono. No sois taberneros pregonando mercancía.

SELENE   No. Resulta que somos la mercancía. ¿De verdad has pensado que me casaría con un príncipe de Numidia?

BERENICE   Lo siento, señora…

CLEOPATRA   Te casarás con quien estime la reina que debes casarte. Eres una princesa. Te debes a Egipto y harás lo que más le convenga a Egipto. Como hemos hecho todas las mujeres de nuestra dinastía.

SELENE   Las mujeres de nuestra dinastía se casan con sus hermanos. Así ha sido desde el primer Ptolomeo. Tú misma te casaste con tu hermano. Y yo no me casaré con otro que no sea Cesarión… (*Silencio incómodo.* CESARIÓN *no lo ha visto venir.* SELENE *tímida.*) Es la tradición alejandrina. Así ha sido siempre…

CESARIÓN   ¿También para mí tenéis ya en mente alguna princesa a la que venderme?

CLEOPATRA   Mi dulce, mi amadísimo Cesarión, ni siquiera alcanzas a imaginar la grandeza de tu destino, lo que Isis tiene dispuesto para ti. Tú
eres, mi pequeño príncipe, quien devolverá la
gloria a nuestra patria. Serás más grande que
tus abuelos. Portarás la corona de Alejandro
y la defenderás con la espada de César.

CESARIÓN   Veo que lo tienes todo pensado por mí. ¿Y si
me niego? ¿Y si decido que mi destino no es
volar tan alto?

CLEOPATRA   Claro que volarás alto. Ni se te ocurra pensar
otra cosa. Ofenderías no solo a Cleopatra sino
a los dioses, que son los que han trazado tu
destino.

CESARIÓN   Sueñas, madre. Sé que me ves al frente de un
imperio como el que imaginaron Alejandro
y César. Pero yo no siento dentro de mí el
ansia de gloria de Alejandro. Carezco de la
ambición de César. No soy un guerrero. Lo
siento, madre, pero no estoy a la altura de tu
sueño.

CLEOPATRA   No es un sueño. Es una profecía. Y deberías
sentirte orgulloso de ser el elegido para cum-
plirla.

CESARIÓN   Te equivocas. Ni los dioses ni los hombres per-
mitirán que yo gobierne sobre ellos. ¿Es que
no te das cuenta? Por mis venas corre sangre

medio romana y medio macedonia. Para los romanos soy un extranjero, un intruso. Y para los egipcios, un mestizo. Ni uno ni otro admitirán jamás a un rey con sangre impura en su trono.

CLEOPATRA Eres hijo de César...

CESARIÓN Exacto. Deberías haber elegido mejor a quién metías entre tus piernas.

(BERENICE *va a responder a la grosería, pero* CLEOPATRA *se lo impide con un gesto. Los príncipes deciden poner fin a la conversación. Mientras salen, hablan entre ellos.*)

SELENE Van a casarme, Cesarión.

CESARIÓN No lo permitiré. Nos iremos lejos de Alejandría. Donde nadie nos encuentre.

SELENE ¿Cuándo?

CESARIÓN En cuanto la ocasión se presente. Estate preparada. No me iré sin ti.

Escena 18

CLEOPATRA Si me cayeran encima mil imperios no me dolerían tanto como ver sufrir a mis hijos.

BERENICE Son tiempos convulsos. Y ellos son tan jóvenes. Acuérdate. También tú te sublevabas. Es ley natural que el potrillo reniegue al sentir la primera brida. Dales tiempo. Ya comprenderán.

CLEOPATRA Ojalá tengas razón. Pero ahora esas palabras me son de poco alivio.

BERENICE Dice Homero que cuando el hijo de Ulises llegó a Esparta a pedirle a Menelao cuentas sobre el paradero de su padre, antes de dar inicio a la charla, la esposa de Menelao, la bella Helena, les hizo beber de un brebaje que tenía el don de apartar la tristeza, por muy grande que esta fuera. Lamento no ser tan sabia como Helena.

CLEOPATRA También yo lo lamento. Pero yo tampoco soy Helena. En este instante, me asemejo más a Penélope, la que se consumía esperando a que su hombre volviera de la guerra.

BERENICE En este instante, toda Alejandría es una colmena de penélopes rezando para que sus hombres encuentren la luz del regreso.

CLEOPATRA   Les aventajo en dolor porque yo soy la reina
de esta colmena y sufro por cada uno de ellos.

(*Entra* MARCINA.)

MARCINA   Señora…

CLEOPATRA   ¿Qué ocurre, Marcina?

MARCINA   Ha llegado un mensajero con noticias terribles.

CLEOPATRA   Hazle pasar.

BERENICE   Oh, que los dioses nos protejan…

(*Entra el* MENSAJERO.)

MENSAJERO   Mi señora…

CLEOPATRA   ¿Traes noticias de Marco Antonio?

MENSAJERO   Lo siento, mi señora. La flota se ha perdido.
Los hombres, muertos a miles…

CLEOPATRA   ¿Y de Marco Antonio, qué se sabe?

MENSAJERO   La retirada ha sido una carnicería…

CLEOPATRA   Responde de una vez, ¿qué se sabe de Marco
Antonio?

MENSAJERO   Herido de flecha…

CLEOPATRA   Oh, dioses. ¿En qué parte lo hirió esa maldita flecha? ¿Sabes si es de gravedad la herida o…?

MENSAJERO   Apenas sé más. Se me ordenó correr hasta mi señora y transmitirle las funestas noticias, para que la reina Cleopatra ponga en aviso a la ciudad o proceda como estime oportuno.

MARCINA   (*Contiene a duras penas el llanto.*) ¿Sabes algo de Demetrio? ¿Sabes si…?

MENSAJERO   Nada, señora. Lo siento. La batalla convirtió el campamento en un caos. Es cuanto puedo decirte.

CLEOPATRA   Puedes retirarte.

MENSAJERO   Mi señora…

(*Sale.*)

BERENICE   Está herido, pero vivo. Aún podemos aguardar a que…

CLEOPATRA   No es tiempo de aguardar, Berenice. Las mujeres estarán desesperadas. Es tiempo de que la reina salga de palacio y comparta su dolor con las madres, las esposas y las hermanas de esos hombres que no se sabe si regresarán vivos a Egipto. Haz que suenen las trompetas. Convoca a todas en el templo. Rezaremos todas juntas. Acaso así los dioses sean más compasivos.

(*Salen* BERENICE *y* CLEOPATRA. MARCINA *se queda rezagada.* DEMETRIO, *escondido tras una columna o rincón, la sorprende.*)

DEMETRIO   ¡Marcina!

MARCINA   ¡Demetrio! ¡Gracias a los dioses! ¡Creí que habías…!

DEMETRIO   Baja la voz.

MARCINA   ¿Y Marco Antonio? Mi señora se volverá loca de contenta cuando…

DEMETRIO   ¿Quieres bajar la voz? Marco Antonio está bien. Herido, pero saldrá de estas. Muchos otros no podrán decir lo mismo.

MARCINA   ¿Y cómo es que tú no estás con él? ¿Lo has abandonado?

DEMETRIO   Todos lo han abandonado. No me mires así. Solo él es culpable de su desventura. Ya te advertí que ese hombre, con su arrogancia y sus excesos, había perdido el favor de los dioses.

MARCINA   ¿Y esa sangre? ¿Estás herido? Déjame que te cure.

DEMETRIO   No es nada. Olvídate. Marcina, necesito que me escuches. Presta atención. Octavio ya está en marcha. Le hice llegar el papiro. Y, en cuanto ha conocido de qué lado se inclinó la balanza en esta guerra, se ha puesto en camino. Caerá sobre Marco Antonio como un león, y lo despedazará.

MARCINA   ¿Y qué pasará con Cleopatra?

DEMETRIO   Contra ella no tiene nada. Negociarán y llegarán a un acuerdo.

MARCINA   ¿Cómo puedes estar seguro de eso que dices? Ese Octavio podría entrar en Alejandría y hacer que…

DEMETRIO   ¿Quieres callar y escucharme? Octavio y Cleopatra llegarán a un acuerdo. Se necesitan mutuamente.

MARCINA   Vale. Quiero creerte. Mi conciencia necesita creerte, porque si no es cierto… Pero, dime, ¿qué es lo que precisas de mí?

DEMETRIO   Octavio tiene el papiro en su poder. Eso le vale para acusar de traidor a Marco Antonio ante el senado. Pero necesita algo más. Necesita algo con lo que negociar con Cleopatra. Algo muy valioso para la reina, que ponga la balanza de parte de Roma…

MARCINA   Ay, Demetrio, qué me estás pidiendo…

DEMETRIO   Dile a Cesarión que se reúna conmigo. Lo esperaré en los establos.

MARCINA   No me pidas eso, Demetrio.

DEMETRIO   No le pasará nada. Es solo una negociación. Octavio hará entrar en razón a Cleopatra y el chaval volverá a sus libros y a sus bibliotecas como si nunca hubiera pasado nada. Y nosotros seremos inmensamente ricos, Marcina. Me lo ha prometido el mismísimo Octavio. Te haré mi esposa. Serás romana y libre. Ya verás, podrás tener todo lo que siempre has soñado, y más. Solo necesitamos que digas a ese crío que vaya al establo.

MARCINA   ¿Me prometes que no sufrirá daño?

DEMETRIO   Por los dioses, Marcina, no me fatigues. Corre. Nos va la vida en ello.

(*Salen.*)

Escena 19

Palacio de Cleopatra.

CESARIÓN, *en su dormitorio, lee. Llega* MARCINA.

CESARIÓN (*Lee un papiro. Soñador.*) «Los hombres sólo son buenos de una manera, malos de muchas». Bendito Aristóteles. Tus palabras me resultan a veces como si me metiera por un desconocido barrio de callejas oscuras. Confunden. Asustan. Pero cuando los ojos se hacen a la oscuridad, qué delicia, qué paisaje tan maravilloso…

MARCINA Mi príncipe.

CESARIÓN (*Sobresaltado.*) Por el mismísimo Amón, Marcina. Me has asustado.

MARCINA Lo siento. No era mi intención. Pero estás tan concentrado en tus lecturas. Escuché hablar, y pensé qué…

CESARIÓN Está bien, Marcina. No tiene importancia. Dime qué quieres.

MARCINA Demetrio, el capitán romano, te espera en los establos. Me ha pedido que te diga que…

CESARIÓN   ¿En los establos? ¿Demetrio? ¿Está vivo? ¿Volvió de la batalla? ¿Eso significa que ya está Marco Antonio también de vuelta?

MARCINA   No. Bueno, no lo sé... Tal vez sea de eso de lo que quiera hablar. O tal vez quiera de ti algún favor de príncipe. Cómo podría yo saberlo...

CESARIÓN   ¿Y te ha dicho el capitán cuándo quiere verme?

MARCINA   Cuanto antes. Ahora.

CESARIÓN   ¿Ahora?

MARCINA   (...)

CESARIÓN   Está bien. Vayamos, pues.

    (*Emprenden la salida.* MARCINA *está visiblemente apurada.*)

MARCINA   ¿Mi príncipe?

CESARIÓN   (...)

MARCINA   (...) Nada. Que fuera hace fresco. No olvides echarte algo por encima.

Escena 20
Palacio de Cleopatra.

CLEOPATRA *enciende una barra de incienso ante una pequeña efigie sagrada. Reza.*

CLEOPATRA   Cuánto dolor. Cuánto sufrimiento. El templo, con toda su inmensidad, no se bastaba para acoger a tantas mujeres como acudieron a rezar a los dioses. Afuera, en la calle, en la plaza, se agolpaban… cuántas… cientos, miles. Qué horror. Esas caras. Esos ojos en los que refulgía el espanto de saber que nunca volverán a contemplar los rostros de sus esposos, de sus padres, de sus hijos. Nunca más. Y por un momento yo también me he llenado de ese espanto. La reina de Egipto ha sentido el dedo de la muerte acariciar su piel. Y me he estremecido. Me hiciste creer que eras un dios, Marco Antonio. Nos divertimos jugando a ser inmortales. Y era un juego delicioso. Imaginar que ni el tiempo, ni la muerte, ni el olvido tenían poder alguno sobre nosotros. Los compañeros de la inimitable vida. Hicimos del lujo, de la belleza, de la alegría, del vino, un escudo. A su abrigo nada podría pasarnos. Yo me sentía a resguardo de todo. Hasta del amor. Me burlaba de esas mujeres heridas de amor.

Yo podía besar, sí, pero eran los labios de la reina de Egipto quienes besaban a Dionisos. Era la Nueva Isis quien hacía el amor a Dionisos, no Cleopatra a Marco Antonio. Yo era la reina de Egipto, la de inimitable vida. Y tú, mi Dionisos. Un dios al que no se puede herir, ni matar. Ni perder. Pero ahora. En ese templo. Ahora que sé que el general invencible ha sufrido una derrota. Que andas por ahí, en esos campos, desangrándote, quizás ya muerto y devorado por las alimañas. Ahora que sé que puedo perderte, que en mis ojos se puede instalar el horror que hoy he visto en los ojos de esas mujeres, ahora sé que el juego ha terminado. No siento ningún escudo sobre mí. Estoy desnuda. Ahora no es la Nueva Isis quien suplica. No es la reina de los dos Egiptos quien implora. Es Cleopatra. Es la mujer la que se arrodilla. Oh, Isis, escucha mi ruego. Soy Cleopatra y llego a ti herida de ausencia. Soy Cleopatra enamorada. No me desampares. Devuélveme a Marco Antonio. Y yo consagraré en tu honor cien días de alegría en mi reino.

Escena 21
Palacio de Cleopatra.

BERENICE *sorprende a* CLEOPATRA *rezando, pero no la interrumpe. Solo cuando comprende que acabó su monólogo se atreve a intervenir.*

BERENICE   Señora… Cleopatra.

CLEOPATRA   Hola, Berenice. (…) Recuerdo el día que fui a tu templo, desbordada de dolor. Como ahora mismo. Entonces llegué enferma de ausencia. Como ahora mismo. Y, no obstante, aquel era un dolor diferente. De otra naturaleza. Es curioso cómo una misma causa puede producir efectos tan dispares.

BERENICE   Yo también lo recuerdo.

CLEOPATRA   En aquella ocasión me mostraste un camino. Una profecía la llamaste. Yo era Isis recogiendo los restos de Osiris para traerlo de vuelta a la vida…

BERENICE   Las profecías se prestan a muchas interpretaciones…

CLEOPATRA   Eso es cierto. Tal vez te equivocaste. Tal vez nos equivocamos las dos. Tal vez yo no sea la elegida. Tal vez los dioses precisen de otra Isis, de otra Cleopatra. Tal vez aún no se cumplió el tiempo...

BERENICE   Tal vez. O tal vez haya otro modo de interpretar la profecía. Después de todo, Marco Antonio ha sido derrotado. Triunfó Octavio. Pero Cleopatra sigue siendo la reina de Egipto. Y Roma sigue necesitando a Egipto como aliado.

CLEOPATRA   ¿A dónde quieres ir a parar?

BERENICE   Tal vez podrías tener un encuentro con Octavio. Tengo entendido que sabe apreciar la belleza...

CLEOPATRA   No. Ni se te ocurra sugerirlo. Octavio es sibilino y cruel. Se hace llamar hijo de César. Y Roma no es tan grande que quepan dos hijos de César. Mataría a mi hijo en cuanto se le presentase la oportunidad.

BERENICE   Infravaloras tu poder de persuasión.

CLEOPATRA   Ahora no, Berenice. No es momento para halagos. Necesito pensar. Necesito estar a solas. Me viene bien rezar.

BERENICE   Por supuesto. Disculpa. Yo también rezaré.

CLEOPATRA   Reza tú a la diosa para que muestre a Marco Antonio la luz del regreso. Tal vez a ti te escuche.

(*Entran dos* SOLDADOS *acompañando a* MARCINA, *que llega llorosa, el rostro cubierto de sangre, las ropas desgarradas.*)

SOLDADO 1   Permiso, mi señora.

CLEOPATRA   ¿Qué es esto? ¿Por qué traéis así a mi sirvienta?

BERENICE   ¿Cómo os habéis atrevido a ponerle la mano encima a una sirvienta de la reina?

SOLDADO 2   No hemos sido nosotros señora.

SOLDADO 1   La encontramos en el suelo, sangrando y con las ropas desgarradas.

SOLDADO 2   Intentamos llevarla al curandero, pero ella ha insistido en que antes tenía que hablar con la reina.

CLEOPATRA   ¿Es eso cierto, Marcina?

MARCINA   Sí, mi señora. No han sido ellos.

CLEOPATRA   ¿Quién, entonces?

MARCINA   Os ruego que me perdonéis. Yo no sabía que…

BERENICE   Serénate, Marcina, y no farfulles. Estás ante tu reina.

CLEOPATRA   ¿Quién te ha hecho eso?

MARCINA   Demetrio, mi señora.

CLEOPATRA   ¿Demetrio? ¿Está en palacio?

BERENICE   ¿Y por qué habría de maltratarte Demetrio?

MARCINA   Intenté detenerlo. Se ha llevado a Cesarión.

CLEOPATRA   ¿Qué? ¿De qué hablas? ¿A dónde se lo ha llevado?

MARCINA   Me dijo que no le haría daño... me dijo que me llevaría a Roma, que me haría su esposa, una mujer libre. Y le creí. Lo siento tanto, mi señora. He sido una estúpida. Le entregué el pergamino con la firma de Marco Antonio. Pero solo porque me prometió que ni Egipto ni Cleopatra sufrirían el menor daño. Y le creí. Y cuando le entregué a Cesarión y quería subir con él al carruaje me golpeó, me escupió, me llamó estúpida alejandrina...

BERENICE   Eres más que una estúpida. Eres una miserable traidora.

MARCINA   Piedad, mi señora.

CLEOPATRA   (*A los* SOLDADOS.) Sacad de aquí a esa víbora. Arrojadla al foso de las serpientes.

MARCINA   Piedad, Cleopatra.

CLEOPATRA   La que tú has tenido conmigo. Muere entre serpientes. Es el lugar que te corresponde. Quitadla de mi vista.

SOLDADO 1   A la orden, mi señora.

    (*Salen. Entra* MENSAJERO.)

MENSAJERO   Señora…

CLEOPATRA   ¿Con qué nueva desgracia vienes tú ahora a castigarme?

MENSAJERO   Marco Antonio está a las puertas de la ciudad.

CLEOPATRA   Oh, dioses, ¿es cierto eso?

MENSAJERO   Me ha pedido que os transmita un mensaje.

CLEOPATRA   Rápido. Vierte en mis oídos sus palabras. No te demores.

MENSAJERO   Mi señor Marco Antonio desea saber si ahora que llega a tu patria vencido, sin honor y sin gloria, como un pordiosero ante la puerta de un templo, será bien acogido o le cerrarás las puertas para que no entren la derrota y la tristeza en tu casa.

CLEOPATRA Dile que la reina Cleopatra imploró día y noche a Isis para que su señor Marco Antonio encontrara la luz del regreso. Corre. No pierdas ni un instante.

MENSAJERO Esas mismas palabras le serán dichas, mi señora.

(*Sale.*)

CLEOPATRA Vete, Berenice. Necesito estar a solas cuando entre Marco Antonio. Quiero que solo él sea testigo de que la reina Cleopatra rompe su promesa y vuelve a llorar de nuevo.

(*Sale* BERENICE.)

Escena 22.
Palacio de Cleopatra.

> SELENE, *enterada de que su padre está herido y de regreso a casa, quiere que su madre le dé más detalles. Llega* MARCO ANTONIO, *visiblemente envejecido. Es la imagen misma de la derrota. Le ayudan dos soldados a caminar. Tiene unas palabras con su hija.* CLEOPATRA *sale a su encuentro. Se abrazan. Los soldados salen. Entra* SELENE *con mucha prisa y requerimientos.*

SELENE   ¡Madre! Dicen que está de regreso…

CLEOPATRA   Selene, ¿Qué haces tú aquí?

SELENE   ¿Es verdad que viene herido?

CLEOPATRA   No lo sé. Eso dicen.

SELENE   ¿Sabes si es de gravedad? Dicen que han muerto a miles. ¿Crees que él vivirá?

CLEOPATRA   ¿Quieres calmarte? Deberías estar en tus aposentos. Lo último que necesito es sumar tus nervios a mis nervios.

SELENE ¿Sabes si traerá noticias de Cesarión? Octavio y él fueron amigos. Quizás Marco Antonio pueda...

CLEOPATRA Basta de preguntas, hija. Preguntar a quien no tiene respuestas es una forma mezquina de humillación. Basta.

(Entra MARCO ANTONIO. *Dos soldados lo ayudan a caminar.* SELENE *corre hacia él y lo abraza.* MARCO ANTONIO *se deja hacer, hambriento de afecto.)*

SELENE ¡Padre!

MARCO A. Hola, pequeña. (SELENE, *avergonzada de su propio gesto, va a apartarse.)* ¿Ya te cansaste? Si supieras cómo he echado en falta un gesto amistoso en estas últimas semanas no te darías tanta prisa en apartarte.

SELENE Creí que mi abrazo te molestaría.

MARCO A. ¿Qué te lleva a pensar eso?

SELENE Nunca antes me has abrazado.

MARCO A. Nunca antes había perdido una batalla. Los hombres cambian. Y aprenden.

SELENE Te fuiste sin despedirte. Creí que habías... Las esclavas rumoreaban que estabas...

MARCO A.   ¿Qué? ¿Muerto?

SELENE   Sí. Y pensé que ya nunca podría hablar contigo. Y eso me corroía las entrañas. No soportaba la idea de que te hubieras ido para siempre sin saber por qué me odias, qué te había hecho yo para…

MARCO A.   Para, para, chiquilla. ¿De dónde sacas que yo te odio?

SELENE   Tu forma de tratarme.

MARCO A.   Selene, eres mi hija. No te odio. Es solo que, aparte de mi hija, eres mujer. Y en Roma las mujeres no son como tú. Tú te pareces demasiado a tu madre. Demasiado libre. Demasiado criterio. No estoy acostumbrado. En Roma una mujer solo puede decidir qué comida se pone hoy sobre la mesa. Y hasta eso lo hará pensando en complacer a su marido o a su padre o a sus hermanos. Vosotras, las mujeres alejandrinas, tenéis, cómo decirlo, demasiado suelto el freno. Demasiado libres. Demasiado inteligentes. Y me asustas. Pero no te odio. Cómo podría. Eres mi hija. Y te quiero. (*Se abrazan.*) Ahora, si no te importa, retírate. Tengo cosas que hablar con la reina de Alejandría. Déjame a solas con tu madre.

SELENE   Gracias, padre…

(*Sale* SELENE.)

CLEOPATRA ¡Marco Antonio!

MARCO A. ¡Aparta tus ojos, por favor! No soporto que mires a este despojo.

CLEOPATRA Te miro y en estos despojos veo al hombre.

MARCO A. ¿Quién quiere ser un hombre cuando ha vivido y amado como un dios?

CLEOPATRA Ahora nos toca sufrir como humanos, amor mío. Pero hablemos luego de sufrimientos. Ahora soy feliz de tenerte de vuelta. Déjame sentirme feliz por un segundo. Todos decían que… Pero eso ya no importa. Has vuelto.

MARCO A. Y tú me has abierto los brazos. Aun en la derrota.

CLEOPATRA ¿Lo dudabas?

MARCO A. He dudado de todo y de todos, Cleopatra. Pero he creído escuchar que me llamabas «amor mío», por vez primera. Dime que no lo he soñado. Porque son palabras que habrían sido dulces en otros momentos pero ahora son toda la medicina que necesita este cuerpo maltrecho.

CLEOPATRA Yo misma sanaré tu cuerpo. Amor mío. No permitiré que otros ojos más que los de Cleopatra contemplen el cuerpo de Marco Antonio.

MARCO A. El cuerpo de Marco Antonio es ahora un mapa donde los dioses han trazado el plano de todas las desgracias. ¿Ves estas heridas? No las hicieron lanzas enemigas sino espadas romanas. Mis propios hombres se volvieron contra mí.

CLEOPATRA Estamos rodeados de traidores. ¿Con qué propósito hicieron tal cosa? ¿Por avaricia? ¿Para robarte algún botín acaso?

MARCO A. Para pasarse al bando de Octavio. Quien lleve su espada ante Octavio manchada con la sangre de Marco Antonio recibirá una bolsa llena de oro. No los culpo. Me duele. Pero no los culpo. Me han abandonado los dioses, cómo no entender que lo hagan los hombres. Todos me han abandonado.

CLEOPATRA No todos.

MARCO A. Tienes razón. No todos. No Cleopatra. Pero incluso Demetrio, al que tantas veces salvé la vida, se pasó a Octavio.

CLEOPATRA Demetrio se ha llevado a Cesarión.

MARCO A. ¿Qué?

CLEOPATRA Sobornó a Marcina. Ahora Cesarión está en manos de ese monstruo.

MARCO A.   Reuniré un ejército. Te lo prometo. Uno tan grande como no se haya visto jamás. Le arrancaré los ojos a esa sanguijuela de Octavio y se los meteré por su estrecho culo de político sin agallas. Traeré la cabeza de Demetrio en una pica y la pondré ante tus pies o dejaré de llamarme Marco Antonio. No temas, amor mío, te juro que traeré de vuelta a Cesarión. Te lo prometo, Cleopatra. Lo juro por la tumba de mis antepasados.

CLEOPATRA   Así será si los dioses lo quieren. Ahora vayamos a darte un baño y sanarte esas heridas. Luego hablaremos de venganza.

(*Salen.*)

Escena 23
Palacio de Cleopatra.

Entran SOLDADO 1 y SOLDADO 2, *pertrechados de escudo y lanza. Se colocan cada uno a un lado de la escena, haciendo guardia. De afuera vienen ruidos de fiesta, risas, música.*

SOLDADO 1   Es que no paran. ¿Cuánto llevamos ya? ¿Dos meses? Resulta intolerable.

SOLDADO 2   La reina prometió a Isis cien días de alegría.

SOLDADO 1   ¿Alegría para quién?

SOLDADO 2   No para nosotros, desde luego.

SOLDADO 1   Cómo puede haber alegría cuando el ejército de Octavio está a las puertas de la ciudad.

SOLDADO 2   Lo que no entiendo es por qué no ha atacado ya. Son muchos más que nosotros. Y mejor armados.

SOLDADO 1   Estrategia lo llaman. Quiere que cunda el pánico. Vencer sin derramar más sangre romana.

SOLDADO 2   Pues lo está consiguiendo.

SOLDADO 1 Y Marco Antonio no puede hacer nada. Ladrar. Solo ladrar. El senado le ha dado la espalda. El ejército le ha dado la espalda. Le han
confiscado sus bienes. Tú me dirás...

SOLDADO 2 Los dioses se ríen de él y él se ríe de todos. Be-
biendo y follando como si no fuera con él la
cosa. Y si así se porta en la derrota, no quiero
ni pensar cómo sería si hubiera vencido.

SOLDADO 1 No debería preocuparte el comportamiento
de Marco Antonio sino el de Octavio. Cuando llegue, pasará a cuchillo a todo el que no
se haya rendido.

SOLDADO 2 A nosotros los primeros. Por bobos. Por que-
darnos aquí, protegiendo nada, defendiendo
nada, mientras que ellos...

SOLDADO 1 Dicen que a los que se pasan a los romanos
nos le va mal.

SOLDADO 2 Yo he escuchado que incluso les pagan los sa-
larios atrasados.

SOLDADO 1 ...Yo no temo por mí. Ya lo sabes. Pero tengo
dos hijos...

SOLDADO 2 Y yo una madre. Es anciana. Y viuda...

> (*La música de fiesta se hace más audible. Está
> más cerca. El* SOLDADO 1 *y el* SOLDADO 2 *se mi-
> ran. Abandonan escudo y lanza sobre la pared.*

Salen. Pero antes de salir echan mano de algún candelabro de plata, alguna copa, y corren a toda prisa.)

Escena 24.
Palacio de Cleopatra.

> *Un* CORO *de* FAUNOS, SÁTIROS *y* NINFAS *portan en literas a* CLEOPATRA *y* MARCO ANTONIO, *disfrazados de Isis y Dionisos. Depositan las literas en el suelo.* FAUNOS, SÁTIROS *y* NINFAS *bailan y cantan una tonada festiva. En el rostro de* CLEOPATRA, *a pesar de sus esfuerzos, no se percibe alegría.* MARCO ANTONIO *repara en ello.*

MARCO ANTONIO.   Callad. Basta. Parad la música. Callad todos. (*El* CORO *obedece.*) ¿Qué ocurre? Veo una sombra en el rostro de Isis.

CLEOPATRA   Pienso en mi hijo. Lleva en manos de ese monstruo dos meses. Y todos los emisarios que envío vuelven con la misma respuesta...

MARCO A.   Entrega Egipto...

CLEOPATRA   (...)

MARCO A.   ¿Sabes que ni entregándole hasta el último grano de arena del último desierto de Egipto ese hombre sentirá satisfecha su ambición?

CLEOPATRA Lo sé. Quiere mi sangre y la de mis hijos. Eso es lo que temo. Y si fuera mi sangre a cambio de la de ellos, estaría dispuesta a entregarla. Sin dudarlo.

MARCO A. Conozco bien a ese hombre, Cleopatra. Créeme. Su sed es infinita. No la saciará tu sangre. Ni la de tus hijos. Ni siquiera la mía. Su sed es una sed de poder y cuando se tiene una sed infinita solo se sacia con un poder infinito. Ese es su sueño. Devorarnos a todos. Sentarse en un trono más alto que la más alta de tus pirámides y gobernar sobre el mundo entero.

CLEOPATRA ¿No era ese el sueño de Alejandro? ¿No era el de César? ¿No era ese también mi sueño? Creímos soñar como dioses pero acaso solo éramos monstruos enfermos de ambición.

MARCO A. La ambición es la forma más noble del deseo. Nunca se es demasiado ambicioso si lo que se desea es justo.

CLEOPATRA ¿Es justo que otros mueran para satisfacer mi ambición?

MARCO A. Cada cual cumple con el papel que los dioses le conceden. Ni siquiera la reina Cleopatra puede sustraerse a esa ley.

CLEOPATRA Odio la ley que no puedo romper.

MARCO A. Por eso eres Cleopatra. Los demás mortales, cuando no pueden quebrar las leyes divinas, se conforman con maldecir a los dioses. Tú has decidido convertirte en diosa. Convertir tu casa en un hermoso Olimpo.

CLEOPATRA Sin embargo, aquí estamos.

MARCO A. Aquí estamos. La Nueva Isis y Dionisos, dioses de la vida inimitable...

CLEOPATRA Dos dioses jocosos escondiéndose de un dios más terrible, más triste, y más severo.

MARCO A. Octavio.

CLEOPATRA Octavio. Y no lo entiendo. Mi sacerdotisa me habló de una profecía...

MARCO A. Bah, sacerdotisas... No conozco profecía a la que el oro no haga torcer su curso. Y ahora el oro está de parte de Octavio.

CLEOPATRA Me ha pedido una condición terrible para devolverme a Cesarión. Y no es Egipto.

MARCO A. Entiendo. Puedo imaginarla. Mi cabeza.

CLEOPATRA Tu cabeza.

MARCO A. Si me lo hubieras dicho antes, yo mismo me la habría rebanado y se la habría hecho llegar en una bandeja de plata.

(*Agarra una espada o un cuchillo y se lo lleva al cuello. En ese momento entra* BERENICE. *Se tambalea. Trae un saco en las manos chorreante de sangre.*)

BERENICE Cleopatra... mi señora... mi dulce niña...

CLEOPATRA Berenice, ¿qué ocurre? ¿Qué tienes?

BERENICE Te he fallado. He fallado a Egipto. La profecía. Los dioses se han burlado de mí.

CLEOPATRA Habla de modo que pueda entenderte.

BERENICE Nunca me sentí tan vieja. Tan estúpida. Nunca pensé que viviría para entregarte el más funesto de los mensajes.

CLEOPATRA ¿Qué traes en esa bolsa? ¿Es sangre lo que rezuma?

BERENICE La sangre más inocente...

CLEOPATRA Oh, dioses. Oh, Antonio, me temo la peor de las desgracias...

MARCO A. (*Al* CORO.) Fuera. Salid. Rápido. Dejadnos solos. (*El* CORO *sale.*) ¿Estás borracha, anciana? ¿Qué traes en esa bolsa? Habla de una vez, si no quieres que te arranque yo las palabras a golpes...

BERENICE   Pocos golpes podrías darme, romano, porque poca es la vida que me queda. He bebido de un veneno fatal y moriré antes de que pongas tu mano sobre mí.

CLEOPATRA   ¿Qué has hecho, desgraciada?

BERENICE   Unos soldados entraron en palacio con este terrible mensaje de Octavio. Pretendían entregarlos ellos mismos. Pero no se lo permití. Tenía que ser yo quien dijera a mi pobre niña las terribles palabras. Cesarión ha muerto. Nuestro sueño ha muerto. Y ya nada me queda a mí por hacer. Perdóname, Cleopatra. Te lo ruego. Perdona a esta anciana a la que los dioses han usado para su divertimento. Yo... Osiris... perdóname.

(BERENICE *cae muerta.* CLEOPATRA *mira dentro del saco y da un grito de terror.* MARCO ANTONIO *la abraza, la lleva a la litera.*)

MARCO A.   Arrastraré a ese hijo de puta por todo Alejandría. Le sacaré los ojos y se los haré tragar. Vengaré la muerte de Cesarión de la manera más terrible. Durante siglos escribirán los poetas sobre el modo en que Marco Antonio se vengó de Octavio. Lo juro por...

CLEOPATRA   Basta, Antonio. No sigas. Te lo ruego.

MARCO A.   Le sacaré las tripas...

CLEOPATRA   Se acabó, Antonio. Ya no me quedan fuerzas.

MARCO A.   Yo seré fuerte por ti.

CLEOPATRA   No, Antonio. Nos han vencido. Acéptalo. Mírate. Mírame.

MARCO A.   Te miro. Y veo a Isis.

CLEOPATRA   Ves a un árbol derribado, Antonio. Cállate, por favor. No aumentes mi dolor con tus delirios. Si de verdad quieres ayudarme, tráeme el botecito que Berenice lleva amarrado al cuello.

(MARCO ANTONIO *obedece.*)

MARCO A.   ¿Qué pretendes hacer con esto?

CLEOPATRA   Robarle a Octavio un triunfo. Podrá vencerme. Pero no paseará por las calles de Roma a la reina de Egipto. No dejaré que me vea humillada.

MARCO A.   Ahora soy yo quien repite las palabras de tu sacerdotisa. Nuca me sentí tan viejo. Ni tan estúpido.

CLEOPATRA   Vierte el líquido en una copa con vino. Pero no uses las copas de plata. Toma aquella de allí. La de madera. Es la copa en la que bebía el primer Ptolomeo. De ese modo, conmigo se cerrará el círculo.

(MARCO ANTONIO *hace lo que se le pide. Toma la copa. Vierte el vino. Pero antes de entregársela a* CLEOPATRA, *bebe un largo trago.*)

MARCO A.   Sea como tú quieres, Cleopatra. Pero si vas a emprender un viaje, lo haremos juntos. Adiós a los amigos de la vida inimitable. Por los amigos que mueren juntos.

(*Entrega la copa a* CLEOPATRA. *Se echa en la litera. Y así, ambos tendidos, tomados de la mano, disfrazados de dioses, esperan a la muerte.* CLEOPATRA *apura la copa.*)

CLEOPATRA   En la guerra de Troya, Paris, el que provocó la guerra, fue el último en morir. Ojalá también nuestras muertes sean las últimas de esta guerra.

MARCO A.   Que se pudran todos. No me interesan. Por mí que se vayan al infierno. Todos. Romanos, griegos, egipcios. Atajo de hipócritas y de cretinos que doblegan la cerviz ante el amo más fuerte. Yo solo he conocido un amo. Mi deseo. Y mi deseo solo ha tenido un nombre. Cleopatra. Bendigo cada segundo que me fue concedido vivir contigo. Lo demás, a la mierda con ello.

CLEOPATRA   Ya siento que por mis venas camina la muerte, amor mío.

MARCO A.   Cuando Caronte me pida la moneda, le entregaré dos. Esas dos palabras que acabas de decirme. Amor mío. No hay para Marco Antonio piezas de más valor. ¿Cleopatra...?

CLEOPATRA Estoy aquí, amor mío.

MARCO A. Anoche soñé que un rayo me atravesaba la mano derecha.

CLEOPATRA Olvida los sueños amargos. Cierra los ojos. Sueña con nosotros. Sueña con los amigos que mueren juntos.

MARCO A. Cleopatra, amor mío... Solo te tengo a ti. Todos me han abandonado. Hasta Dionisos. Estamos solos, tú y yo... solos Antonio y Cleopatra.

(MARCO ANTONIO *muere.*)

CLEOPATRA Duerme, Antonio. Espérame al otro lado. (*Se quita la diadema que lleva en la cabeza.*) La diadema de Isis. Ahora lo comprendo. Cleopatra no es la Nueva Isis. Soy un nuevo Osiris. El que muere una y otra vez. Soy otro pedazo de Osiris. Y tal vez, algún día, otra Cleopatra venga a recoger los pedazos y consiga volvernos a la vida y devolver a Egipto su gloria. Tal vez. Tal vez, algún día, otra mujer merezca esta diadema más que yo.

(*La arroja al suelo. Besa la frente de* MARCO ANTONIO *y muere. Entra* SELENE. *Espantada ante el espectáculo se acerca a* MARCO ANTONIO.)

SELENE   ¡Padre! (*Mira a* CLEOPATRA. *Le toma la mano.*) Madre, ¿también tú te vas sin despedirte de Selene? (*Va hacia el saco. Mira dentro. Se lleva las manos a la boca de espanto.*) ¡Hermano!. Todos me habéis abandonado. ¿Qué será ahora de mí? ¿Qué será ahora de Egipto?

          (*Se arrodilla, vencida por el dolor. A su lado, la diadema. La toma entre las manos y muy despacio, con solemnidad, la coloca sobre su cabeza. Mientras, entra el* CORO. *Lentamente, suben a la princesa en una litera. Como a una reina.*)

SÁTIRO   Egipto no ha muerto.

NINFA   Es inmortal. Como las pirámides.

FAUNO   Como Cleopatra.

SÁTIRO   Viva la reina Isis Selene.

NINFA   Viva Cleopatra Selene.

          (*Entre cánticos de fiesta salen de escena.*)

          Fin.

Esta primera edición de *Cleopatra enamorada*,
de Florián Recio, terminó de imprimirse
en junio de dos mil veinticinco,
en Madrid.